中国学术期刊（光盘版）全文收录期刊

东盟研究

ASEAN STUDIES

2021年第三辑（总第十九辑）

中国—东盟区域发展省部共建协同创新中心◎编

中国社会科学出版社

图书在版编目（CIP）数据

东盟研究. 2021 年. 第三辑：总第十九辑／中国—东盟区域发展省部共建协同创新中心编. —北京：中国社会科学出版社，2021.9
ISBN 978 - 7 - 5203 - 9516 - 8

Ⅰ.①东… Ⅱ.①中… Ⅲ.①自由贸易区—区域经济发展—研究—中国、东南亚国家联盟 Ⅳ.①F752.733

中国版本图书馆 CIP 数据核字（2021）第 277183 号

出 版 人	赵剑英
责任编辑	陈雅慧
责任校对	王　斐
责任印制	戴　宽

出　　版	中国社会科学出版社
社　　址	北京鼓楼西大街甲 158 号
邮　　编	100720
网　　址	http://www.csspw.cn
发 行 部	010 - 84083685
门 市 部	010 - 84029450
经　　销	新华书店及其他书店
印　　刷	北京明恒达印务有限公司
装　　订	廊坊市广阳区广增装订厂
版　　次	2021 年 9 月第 1 版
印　　次	2021 年 9 月第 1 次印刷
开　　本	710×1000　1/16
印　　张	12
插　　页	2
字　　数	200 千字
定　　价	69.00 元

凡购买中国社会科学出版社图书，如有质量问题请与本社营销中心联系调换
电话：010 - 84083683
版权所有　侵权必究

《东盟研究》(曾用名《中国—东盟研究》)
编 辑 部

顾问：
刘正东：广西壮族自治区政协副主席、广西大学党委书记、中国—东盟区域发展省部共建协同创新中心常务理事长
洪银兴：教育部社会科学委员会副主任、原南京大学党委书记、中国—东盟研究院学术委员会主任
张蕴岭：中国社会科学院学部委员、中国—东盟区域发展省部共建协同创新中心首席科学家
郑永年：香港中文大学（深圳）全球与当代中国高等研究院院长

编辑委员会主任：
于洪君：原中共中央对外联络部副部长、中国人民争取和平与裁军协会副会长、全国政协外事委员会委员、中国—东盟区域发展省部共建协同创新中心首席科学家

编辑委员会副主任：
李光辉：商务部国际经济与贸易研究院原副院长、广西创新发展研究院学术院长
佟家栋：著名经济学家、中国—东盟区域发展省部共建协同创新中心首席科学家、南开大学"院士级"讲席教授
江瑞平：商务部经贸政策咨询委员会委员、中国亚洲太平洋学会副会长
范祚军：广西大学党委常委、副校长，广西大学国际学院院长

编辑委员会委员：
陈　岳：中国人民大学国际关系学院教授
许宁宁：中国—东盟商务理事会执行理事长

王玉主：中国社会科学院亚太与全球战略研究院区域合作研究室主任、广西大学中国—东盟研究院院长

魏　玲：对外经济贸易大学国际关系学院教授、《外交评论》和《东南亚研究》编委

李晨阳：云南大学常务副校长、缅甸研究院院长

张振江：暨南大学国际关系学院院长、华人华侨研究院院长

李建军：中央财经大学金融学院院长

范宏伟：厦门大学南洋研究院副院长、《南洋问题研究》主编、编辑部主任

李明江：新加坡南洋理工大学副教授

胡逸山：马来西亚战略与国际问题研究所研究员

程　成：广西大学中国—东盟研究院副院长

主编：王玉主

执行主编：程成

副主编：杨悦、李福建

编辑部主任：杨卓娟

责任编辑：余俊杰、韦宝毅

目录

可持续发展

落实2030年可持续发展目标：通过中国—东盟贸易关系缩小不平等
差距 ………… ［印尼］尤里达·诺莱妮·桑托索　东谷·维卡索诺 / 3
促进东盟和中国可持续旅游发展：来自菲律宾的案例研究
………………………………… ［菲律宾］埃拉·莱尔·古提尔瑞兹 / 16
合力抗击传染病传播与减贫　推动中国—东盟可持续发展
………………………………………………… ［新加坡］余虹 / 31

国别研究

从人革党"十一大"报告看老挝未来政策走向
………………………………………………………… 韦健锋 / 45
佐科第二任期内阁改组特点及影响
………………………………………………………… 蓝心辰 / 67
国民联盟执政以来马来西亚政党关系变化分析
………………………………………………………… 覃馥琳 / 83

区域合作

东盟劳动力面临的挑战
——来自老挝的经验
················· [老挝] 埃克托·梵卡迪 / 99

中老跨国蝗灾防治的"三圈混杂"研究
························· 罗红霞 吴宪 / 110

"一带一路"视阈下中国与东盟东部增长区国家的经贸合作
················· 支宇鹏 黄立群 杜方鑫 / 126

会议综述

新形势下东盟与东亚合作发展方向
——"2020年东盟与东亚合作学术研讨会"综述
························· 王玉主 赖彦洁 / 155

附 录

中国—东盟区域发展省部共建协同创新中心简介 / 169

广西大学国际学院简介 / 173

广西大学中国—东盟研究院简介 / 174

广西大学中国—东盟信息港大数据研究院简介 / 177

《东盟研究》征稿启事 / 179

Contents

Sustainable Development

Achieving Sustainable Development Goals by 2030: Reducing the
 Gap of Inequality through ASEAN-China Trade Relations
 ·································· *Yulida Nuraini Santoso Tunggul Wicaksono* / 3
Fostering Sustainable Tourism in ASEAN and China: A Case Study
 in the Philippines ································· *Eylla Laire M. Gutierrez* / 16
ASEAN-China Partnership on Combating Infectious Diseases and
 Poverty Alleviation ··· *Yu Hong* / 31

Country Studies

Lao's Policy Trend in the Future: Analysis from the Report of the
 11th National Congress of the LPRP ···························· *Wei Jianfeng* / 45
The Characteristics and Impact of the Cabinet Reshuffle Since Joko
 Widodo's Second Term ··· *Lan Xinchen* / 67
An Analysis of the Changes of Political Party Relations in
 Malaysia since the Perikatan Nasional was in Power ········· *Qin Fulin* / 83

Regional Cooperation

Challenges Faced by Labours of ASEAN: The Experiences of Laos
 in Coping with such Challenges ·················· *Ekto Vongphakdy* / 99
The "Three Circles Mixed" of Transnational Locust Plague
 Control in China and Laos ················ *Luo Hongxia Wu Xian* / 110
Economic and Trade Cooperation between China and BIMP-EAGA
 from the Perspective of "the Belt and Road" ·······························
 ················· *Zhi Yupeng Huang Liqun Du Fangxin* / 126

Conference Review

Development Direction of ASEAN-East Asia Cooperation under the
New Situation
 —Summary of the "2020 ASEAN-East Asia Cooperation Seminar"
 ················· *Wang Yuzhu Lai Yanjie* / 155

Appendix

Introduction on China-ASEAN Collaborative Innovation Center for Regional
 Development Co-constructed by the Province and Ministry ········· / 169
Introduction on International College of Guangxi University ········· / 173
Introduction on China-ASEAN Research Institute of Guangxi
 University ··· / 174
Introduction on China-ASEAN Information Harbor Institue of
 Big Data Research of Guangxi University ························ / 177
Call for Papers ··· / 179

可持续发展

Sustainable Development

落实 2030 年可持续发展目标：通过中国—东盟贸易关系缩小不平等差距

[印尼] 尤里达·诺莱妮·桑托索　东谷·维卡索诺（著）

韦宝毅（译）*

【摘要】中国与印尼作为重要的经济伙伴，印尼企业严重依赖中国市场。然而，中国—印尼伙伴关系的稳步发展并未在整个东南亚地区推动价值链的形成与地区的和平稳定。此外，中国与印尼关系因领土问题和印尼的反华情绪而多次紧张。新冠肺炎疫情的蔓延也给两国关系带来挑战，促使当前的困难进一步升级。作为受疫情影响最严重的部门，企业一直承受着新冠肺炎疫情的冲击，面临大量裁员、失业率上升和公司破产等压力。社会限制措施导致经济活动的收缩，造成了前所未有的影响，因此维持国家间的平等似乎是一项具有挑战性的工作。对此，急需一项强有力的应对政策缓解不平等状况。此外，缺乏国际社会的支持，缩小贫富差距只会是一纸空文。人们希望联合国的可持续发展目标（SDGs）使那些最需要帮助的人得到及时帮助，特别是让发展中国家受益。尽管有一些倡议被提出，但世界需要一项切实可行的行动计划，尤其是在新冠肺炎疫情期间。本文试图通过分析中国和印尼两国间紧密的经贸伙伴关系及其造成的直接影响、印尼国内出现的不平等现象等问题，探讨这些问题将如何影响东盟的未来以及如何通过经济伙伴关系的构建消除不平等。

【关键词】不平等　经济　发展　可持续发展目标　新冠肺炎病毒

---

* 韦宝毅，广西大学国际学院《东盟研究》编辑部，责任编辑。

【作者简介】尤里达·诺莱妮·桑托索（Yulida Nuraini Santoso），印尼卡查玛达大学东盟研究中心，主任；东谷·维卡索诺（Tunggul Wicaksono），印尼卡查玛达大学东盟研究中心，研究项目主管。

一　背景

在中国和印尼建交70周年之际，两国在各领域的联系和政治交往日益密切。[1] 与此同时，印尼社会越来越多地批评政府偏袒中国劳动力、贸易和商品。这包括为完成印尼总统佐科（Joko Widodo）推进大型基础设施项目建设而引进大量中国工人，在2014—2019年佐科第一次担任总统期间尤为明显。这些来自中国的劳工符合中国"一带一路"倡议（Belt and Road Initiatives）实施的需求，而印尼是中国"一带一路"倡议的主要目的地之一，这让很多人猜测中国与印尼之间将会有更多更重要的战略合作。

在中国—东盟自由贸易区（CAFTA）的协议中，中国与印尼经贸关系得以清晰地体现。中国—东盟自由贸易区协定为印尼减少甚至消除商品贸易的非关税壁垒提供了机会。[2] 然而，有人认为中国通过大量海外投资来刺激经济的激进政策使得印尼缺乏竞争力，最终导致印尼的贸易逆差不断扩大。与进入中国的投资相比，印尼获得投资的规模相对较小，而且进入中国的投资主要集中在对中国经济增长具有战略价值的领域。[3] 仅2013年，中国大陆利用外资总额就达8020亿美元，超过了2012年的7720亿美元，其中70%以上来自中国香港、东盟、欧盟、澳大利亚、美国、俄罗斯

---

[1] Mulyanto, Randy, "After 70 Years of Ties, China and Indonesia Have a Fruitful, Complicated Relationship", April 12, 2020, https://www.scmp.com/week-asia/economics/article/3118891/how-us-womans-elevated-lifestyle-tweet-showed-what-bali-really, 登录时间：2021年1月20日。

[2] APINDO-EU, "Indonesia-China Trade in ACFTA: Mapping of Competitiveness and Specialization", *Asosiasi PengusahaIndonesia*（APINDO）, 2013, https://apindo.or.id/userfiles/publikasi/pdf/Paper_Indonesia-China_Trade_in_ACFTA.pdf, 登录时间：2021年1月20日。

[3] Jamilah, Bonar M. Sinaga, Mangara Tambunan and Dedi Budiman Hakim, "The Impact of Indonesia-China Trade Agreement on Indonesia Trade", *Longdom Publishing SL*, 2016, https://www.longdom.org/articles/the-impact-of-indonesiachina-trade-agreement-on-indonesia-trade-performance.pdf, 登录时间：2021年1月20日。

可持续发展

和日本。①

  这些问题可以被视为一把双刃剑，因为这对受援国来说仍然是一个潜在的投资机会，特别是对东盟成员国来说，这使它们能够与中国保持战略伙伴关系。② 然而，即使双方都实现了贸易自由化，中国仍可能获得更多的回报。为了重新平衡互利合作关系，印尼必须研究两国贸易竞争力和专业化的变化模式。APINDO – EU Active 绘制的地图显示印尼更侧重于与中国的双边贸易。此外，当一个国家在生产商品方面相对于世界平均水平具有竞争力时，并不一定意味着其在双边贸易方面具有专业性。因此，在制定国际贸易协定的政策时应进行国别分析。通过这种方法，印尼可以单独为进入其管理范围的贸易定下基调，而不会损害中国—东盟自由贸易区协议的一般条款。

  如果没有在整个贸易过程前仔细规划，各国政府很容易面临整体或局部的贸易关系紧张局面，这也正是本文想要讨论的问题。值得注意的是这一现象会导致不平等状况加剧，特别是在新冠肺炎疫情尚未结束的情况下，第十项可持续发展目标的实施进程基本停滞。

  鉴于联合国可持续发展目标的最后期限是 2030 年，本文重点关注第十项可持续发展目标，即减少国家内部和国家之间的不平等③，这与当前形势最为相关。随着 2019 年新冠肺炎疫情在全球蔓延，包括贸易、正在进行的双边和多边谈判以及社会经济事务在内的许多日常生活领域都受到了影响。新冠肺炎疫情还影响到弱势群体，包括老年人、残疾人、儿童、妇女以及移民和难民。这不仅在印尼，而且在中国以及整个东南亚地区都是如此。

---

① Jamilah, Bonar M. Sinaga, Mangara Tambunan and Dedi Budiman Hakim, "The Impact of Indonesia – China Trade Agreement on Indonesia Trade".

② APINDO – EU, "Indonesia – China Trade in ACFTA: Mapping of Competitiveness and Specialization", *Asosiasi PengusahaIndonesia* (*APINDO*), 2013, https://apindo.or.id/userfiles/publikasi/pdf/Paper_ Indonesia – China_ Trade_ in_ ACFTA.pdf, 登录时间：2021 年 1 月 20 日。

③ UN, *Reduce Inequality Within and Among Countries*, 2021, https://unstats.un.org/sdgs/report/2020/goal – 10/, 登录时间：2021 年 1 月 20 日。

- 5 -

二 局部紧张贸易关系的影响：国家内部和国家之间不平等的加剧

本部分重点研究联合国可持续发展目标中的第十项可持续发展目标，即减少国家内部和国家之间的不平等。日益严重的不平等破坏了消除贫困的努力，阻碍了经济增长，减弱了社会凝聚力。[1] 新冠肺炎疫情进一步加剧了不平等状况，最弱势群体因疫情受到的打击最大，而这些群体往往遭受更多的歧视。[2] 正如《2020年可持续发展目标报告》所述，第十项可持续发展目标中的若干要点与印尼当前在抗击不平等时付出的努力一致。

首先，尽管印尼国内最贫困人口的实际收入在上升，但富人仍极度富裕。自2008年以来，印尼在联合国人类发展指数（HDI）中的得分显著提高，极端贫困人口的比例从40%下降到8%。[3] 与此同时，联合国的报告显示，东亚和东南亚地区在共享繁荣方面需更加努力，因为40%的社会底层人口平均每年增长4.9%。然而，2012—2017年，印尼40%最贫困人口的人均收入增长率仅为4%—6%。印尼的贫富差距在世界上排名第六。[4] 仅在过去的20年里，印尼最富有人群和其他人群之间的差距就比其他任何东南亚国家增长得都快，经济增长带来的利益没有被平等分享，导致数百万人被"甩在后面"。[5]

其次，印尼工人们在他们生产的产品中的获益份额越来越小。要解释这个拥有约2.7亿人口的大国为什么会这样，我们必须先了解1997年袭击亚洲的金融危机。至今仍能感受到这场危机的余波，不平等问题是这场危机遗留至今的最大问题之一。吉普森（Gibson）的解释是1997年的金融危机造就了这样一个经济体：到目前为止，那些处于顶层的人能够从经济增

---

[1] Gibson, Luke, "Towards a More Equal Indonesia: How the Government Can Take Action to Close the Gap Between the Richest and the Rest", Briefing Paper, Oxford: Oxfam GB for Oxfam International, 2017.

[2] UN, *The Sustainable Development Goals Report 2020*, New York: United Nations Publications, 2020.

[3] Gibson, Luke, "Towards a More Equal Indonesia: How the Government Can Take Action to Close the Gap Between the Richest and the Rest".

[4] Gibson, Luke, "Towards a More Equal Indonesia: How the Government Can Take Action to Close the Gap Between the Richest and the Rest".

[5] Gibson, Luke, "Towards a More Equal Indonesia: How the Government Can Take Action to Close the Gap Between the Richest and the Rest".

长中获得最大份额的利益,这导致"政治俘虏"的增加,这些"政治俘虏"被用来操纵规则,使其有利于自己,而牺牲了多数人的利益。[1] 许多国家实施税收政策,保护最低收入人群,重新分配财富,缩小不平等差距,以打破经济—政治不平等的循环。然而,在印尼实施税收政策的效果并不显著。印尼的税收占国内生产总值的比例在东南亚国家中是第二低的。[2] 这样的政策效果也在其他领域有所体现:(一)卫生部门,因为全国各地仍报告有妨碍保险费用征收的情况;(二)教育部门,因为其课程并非专门为支持其公民就业而设计的,而且资金严重不足;(三)那些收入最高的职务往往由具有相似成长背景的人担任,这使我们理解了为什么低收入的家庭通常会连续几代人处于相同状态。

再次,全球经济衰退可能会缩减对发展中国家的援助。由于新冠肺炎疫情尚未结束,世界上许多国家经济局势已经并将继续恶化。对发展中国家而言,这尤其令人担忧,因为它们在努力照顾弱势群体与遏制新冠肺炎疫情的同时,还需振兴国民经济。根据联合国(UN)和经济合作与发展组织(OECD)预测,如果出现第二波新冠肺炎疫情,2020年全球国内生产总值将下降7.6%,这可能会给发展援助委员会成员的官方发展援助预算带来压力。2008年经济和金融危机爆发后发展资源流显著下降,全球衰退可能再次对发展资源造成压力。这无疑对印尼是不利的,因为它是少数几个比大多数国家更早改变并重启经济活动的国家之一。在其他国家仍处于封锁或部分限制状态时,印尼已经放松了社会限制,并推动国民经济正常运行。然而,如果发生全球经济衰退,将严重影响印尼政府,因为它目前依赖邻国和伙伴国的国际援助来确保和平衡其经济运行。在外国援助由于新冠肺炎疫情而进一步受到限制的情况下,印尼可能会再次发现在面临新冠肺炎疫情时,不得不在关注医疗卫生问题和社会经济发展问题之间作出艰难抉择,因为印尼国内的各项储备远远不能同时满足这两方面的需要。在区域背景下,东盟也可以发挥作用,然而东盟还没有确定一个可行的经济解决方案以帮助所有成员国,确保不让任何一个国家掉队。如果新冠肺炎疫情继续以这种速度扩散下去,结果将不利于一个拥有6亿人口的

---

[1] Gibson, Luke, "Towards a More Equal Indonesia: How the Government Can Take Action to Close the Gap Between the Richest and the Rest".

[2] Gibson, Luke, "Towards a More Equal Indonesia: How the Government Can Take Action to Close the Gap Between the Richest and the Rest".

繁荣区域的持续发展。

通过以上三点可以发现，印尼正在帮助部分穷人走向富裕，为劳工群体争取更公平的分配，以及确保其国家储备足以应对包括新冠肺炎疫情在内的相关危机，尽管这一进展相对缓慢。

为了克服这些问题并共同缓解不平等状况，印尼和中国可以通过合作，在解决不平等问题方面发挥关键作用。这种互利和对等的合作旨在消除两国不平等问题的根源，同时铭记东盟的中心地位准则。

三　中国：聚焦第十项可持续发展目标

作为一项消除贫困、保护地球、确保所有人在2030年前享有和平与繁荣的全球努力和行动，① 可持续发展目标应由包括中国和印尼在内的所有已认同该目标的国家承担起责任努力实现。中国已经承担落实2030年发展议程的责任，团结合作，不断推动全球发展事业。② 基尼系数是一种统计方法，用来测量收入不平等的程度。例如，收入分配可以取1—100分（或0—1）。该值越接近100分，就越不平等，40分（或0.4）是联合国设定的警戒线。③ 根据泰斯特（Textor）的统计数据，2019年，中国达到了46.5分（0.465）。④ 他认为过去20年里，中国已经成为世界上较大的经济体之一。随着社会中一部分人越来越富裕，中国的基尼系数在过去几十年内大幅增长。过去十年，中国的基尼系数甚至高于联合国设定的警戒线。据此可以理解不平等不仅是印尼或东盟整体的问题，也是中国的问题，因为中国的经济增长在东部、南部沿海地区和中西部地区之间存在巨大差异。

---

① UNDP, "Sustainable Development Goals", 2021, https：//www.undp.org/content/undp/en/home/sustainable – development – goals.html, 登录时间：2021年1月20日。

② UNDP – China, "Goal 12：Responsible Consumption and Production", https：//www.cn.undp.org/content/china/en/home/sustainable – development – goals/goal – 12 – responsible – consumption – and – production.html#:~:text = China%2D%20Goal%2012%20in%20Focus, the%20cause%20of%20global%20development, 登录时间：2021年1月20日。

③ C. Textor, "Gini Index：Inequality of Income Distribution in China From 2004 to 2019", January 11, 2021, https：//www.statista.com/statistics/250400/inequality – of – income – distribution – in – china – based – on – the – gini – index/#statisticContainer, 登录时间：2021年1月20日。

④ C. Textor, "Gini Index：Inequality of Income Distribution in China From 2004 to 2019".

泰斯特解释了中国的发展史，从40年前的改革开放开始，沿海地区凭借其便利的交通、廉价的劳动力成本、政策激励和市场潜力吸引了大量的外国企业。[1] 根据经济合作与发展组织2012年的数据，与其他新兴经济体一样，中国不平等的主要原因包括地理因素、获得教育机会的差距以及主要包括农民工在内的特定群体面临的就业和职业发展障碍。虽然内陆地区后来也向外国企业开放，但它们与沿海地区相比并没有真正的优势。[2] 除此之外，向沿海城市密集迁移的工人进一步推动了经济发展，导致珠江三角洲和长江三角洲的形成，并快速建成了世界工厂。[3]

20世纪90年代，由于认识到这一差距，中国政府采取了各种政治措施以加快中国中西部地区的发展。[4] 包括政策激励和对基础设施、社会项目的大规模投资改善了这一局面。全面转变消费增长方式，促进发展更加平衡。落后地区的经济开始繁荣起来，农村贫困人口数量大幅减少。许多劳动密集型产业从中国东部和南部沿海地区转移到中国中部和西部。

然而，在全球经济不断影响中国国内经济布局的今天，中国各地区之间的经济差距依然存在。[5] 发展基础优越的沿海城市仍然受到主导产业的青睐，它们的经济发展遥遥领先，其他地区不容易赶上。近年来，西部部分地区经济增速明显高于东部地区，但经济发展仍处于较低水平。作为中国"铁锈地带"的东北地区尤为明显，没有显现出赶上东部沿海经济中心的迹象。[6] 然而，中国仍有提高生产率和就业的空间。[7] 这将有助于减少不平等，促进长期经济增长。[8]

四 东盟和中国：消除不平等，实现可持续发展

在《中国—东盟战略伙伴关系2030年愿景》（ASEAN – China Strategic

---

[1] C. Textor, "Gini Index：Inequality of Income Distribution in China From 2004 to 2019".
[2] C. Textor, "Gini Index：Inequality of Income Distribution in China From 2004 to 2019".
[3] C. Textor, "Gini Index：Inequality of Income Distribution in China From 2004 to 2019".
[4] C. Textor, "Gini Index：Inequality of Income Distribution in China From 2004 to 2019".
[5] C. Textor, "Gini Index：Inequality of Income Distribution in China From 2004 to 2019".
[6] C. Textor, "Gini Index：Inequality of Income Distribution in China From 2004 to 2019".
[7] OECD, "China in Focus：Lessons and Challenges", https://www.oecd.org/china/50011051.pdf, 登录时间：2021年1月20日。
[8] OECD, "China in Focus：Lessons and Challenges".

Partnership Vision 2030）框架下的社会文化合作中，中国和东盟承诺解决第 39 段所述的可持续发展问题，"促进政府间政策沟通，欢迎中国在适当领域为东盟国家提供援助，以实现联合国 2030 年可持续发展议程目标，包括依据各自可持续发展目标消除各种形式贫困"。①

2019 年 9 月 4 日，在越南河内举行的中国—东盟—联合国开发计划署"可持续发展创新与减贫"研讨会开幕式上，中国前驻东盟大使黄溪连提出了针对该议题进行努力的四种途径：一是加强"一带一路"倡议与东盟发展规划的对接，实现可持续发展目标，推进减贫；二是加强创新交流，特别是新理论、新政策、新行动，促进可持续发展和减贫；三是东盟秘书处与联合国开发计划署等志同道合的国际组织与中国一道，发挥各自在研究、实践、区域合作和人员交往等方面的优势互补，使多边工作超过各方单独工作的总和；四是探索务实合作新模式。他在发言中解释说，中国驻东盟代表团、东盟秘书处和联合国开发计划署已同意在湄公河沿岸国家实施可持续发展项目。

中国与东盟还建立了"中国—东盟社会发展与减贫论坛"（ASEAN – China Forum on Social Development and Poverty Reduction），每年举行一次，就共同关心的问题交换意见，探讨缩小发展差距的途径，分享最佳实践，在互利共赢的基础上实现和谐发展。②

2020 年，中国—东盟社会发展与减贫特别论坛以视频会议形式举行。区域知识分享倡议（RKSI）于 2020 年发布的报告主要包括以下内容：③ 第一，报告指出中国在消除贫困方面取得了实质性进展，但新冠肺炎疫情也带来了新的挑战。中国国务院扶贫办综合司司长苏国霞表示，仅从 2012 年到 2019 年，中国贫困人口就从 9899 万下降到 551 万。同时，农村地区得到振兴，贫困人口的收入得到提高、工作和生活条件得到改善。然而，由于城市贫困人口收入减少、扶贫企业复工缓慢、贫困产品销售困难等原

---

① ASEAN, "ASEAN – China Strategic Partnership Vision 2030", November 14, 2018, https：//asean. org/storage/2018/11/ASEAN – China – Strategic – Partnership – Vision – 2030. pdf，登录时间：2021 年 1 月 20 日。
② RKSI, "13th ASEAN – China Forum on Social Development and Poverty Reduction", http：//rksi. org/event/13th – asean – china – forum – social – development – and – poverty – reduction# quicktabs – event_ tabs = 1，登录时间：2021 年 1 月 20 日。
③ RKSI, *The 2020 Extraordinary Association of Southeast Nations（ASEAN）– China Social Development and Poverty Reduction Forum*, Event Highlights, RKSI, 2020.

因，新冠肺炎疫情逆转了部分成果。为了克服这些困难，中国政府帮助农民工重返工作岗位，密切关注目前的贫困县和贫困村中的弱势社区，积极开展援助，并为从贫困地区购买产品提供了便利。

第二，该报告还指出为了防止贫困人口再次陷入贫困，中国致力于同东盟密切合作。① 据世界银行估计，2020 年将有 7000 万至 1 亿人因新冠肺炎疫情陷入极端贫困。到 2030 年，世界上仍将有 6% 的极度贫困人口。对此，中国将加强新冠肺炎疫情对全球减贫的影响研究，进一步围绕减贫加强经验分享和深化合作，同时加强创新，与其他国家联合开发更多有用的知识产品。

第三，该报告还讨论了东盟从新冠肺炎疫情暴发之初就通过集体行动在应对疫情方面表现出的团结。尽管如此，新冠肺炎疫情使得东盟在减贫方面遭遇了一些挫折。东盟副秘书长康富（Kung Phoak）提出东盟的贫困率从 1990 年的 47% 下降到 2015 年的 15%，但新冠肺炎疫情破坏了经济、社会和人类发展成果，特别是对弱势群体而言。在财政分配、人力资本开发和知识建设方面加大投资，增强弱势社区的发展能力，对于解决贫困问题至关重要。

第四，中国和东盟作为命运与共的好邻居和好伙伴，应通过发展规划对接、深化"一带一路"合作、培育创新、推动数字经济发展等方式，加强抗疫扶贫合作。②

第五，东盟国家通过刺激经济活动和就业、为中小企业提供专项资金以及帮助弱势群体等方式应对新冠肺炎疫情。例如，马来西亚、新加坡和菲律宾推出了经济刺激计划；缅甸和柬埔寨制订了"以工代赈"计划（Cash for Work Programs）；缅甸和马来西亚为村民和中小企业提供专项救助资金；新加坡还通过热线电话为老年人和弱势群体提供心理支持；泰国实施了"后院蔬菜种植计划"（Backyard Vegetable Gardening Program），以确保食品安全。③

---

① RKSI, *The 2020 Extraordinary Association of Southeast Nations（ASEAN）– China Social Development and Poverty Reduction Forum.*

② RKSI, *The 2020 Extraordinary Association of Southeast Nations（ASEAN）– China Social Development and Poverty Reduction Forum.*

③ RKSI, *The 2020 Extraordinary Association of Southeast Nations（ASEAN）– China Social Development and Poverty Reduction Forum.*

五　缩小国家内部和国家之间不平等问题的途径

在十年内实现 2030 年可持续发展目标，特别是缩小国家内部和国家之间的不平等，需要各国倾注更多的精力。以下是通过合作解决和缩小国家内部和国家之间不平等问题的短期、中期和长期途径。

在短期内，鉴于抗击新冠肺炎疫情的斗争仍然是所有国家的重要议程，制定一项保护最弱势群体的健全计划是有必要的。这一群体包括老年人、残疾人、儿童、妇女、移民和难民。这需要列为政府部门的优先事项（特别是卫生保健和社会经济部门），因为最弱势群体受到新冠肺炎疫情的打击最严重。

瓦纳迪（Wanandi）表示，面对东亚和世界范围内的新冠肺炎疫情，我们可以依靠 2020 年 2 月 20 日在万象（Vientiane）举行的中国—东盟关于新冠肺炎问题特别外长会上设计的中国—东盟合作框架。[1] 尽管出现大量新冠肺炎病例，中国和东盟仍在东亚峰会上率先向包括日本、印度、韩国、澳大利亚、俄罗斯、新西兰在内的国家伸出援手，其后又向其他国家提供帮助和支持。为此，东亚峰会可以成为发起倡议并给予世界支持的机制。

为此，瓦南迪提出了以下五条行动路线。[2] 第一，加强地区抗疫合作，及时分享疫情信息和最佳实践经验，包括交流现有流行病学信息、技术指南和疫情防控、诊断、治疗方案以及疫情监测，加强对突发疫情的防范和应对能力。第二，加强东盟主导的机制内和与外部合作伙伴的合作，在考虑本地区卫生系统发展水平不同的情况下，全面有效地应对新冠肺炎疫情。第三，加强在风险沟通、社区参与准备和应对方面的合作，确保人们正确和全面认识新冠肺炎疫情，不被与新冠肺炎疫情有关的虚假信息和假新闻误导。第四，通过现有机制，就新冠肺炎疫情防控及相关研究方面的最新进展加强政策对话与交流，如举行中国—东盟卫生部长会议（ASEAN –

---

[1] Wanandi, Jusuf, "ASEAN – China Cooperation in Time of COVID – 19 Pandemic", Centre for Strategic and International Studies, March 22, 2020, https://www.csis.or.id/publications/asean – china – cooperation – in – time – of – covid – 19 – pandemic/，登录时间：2021 年 1 月 20 日。

[2] Wanandi, Jusuf, "ASEAN – China Cooperation in Time of COVID – 19 Pandemic".

可持续发展

China Health Ministers' Meeting)、中国—东盟卫生发展高官会（ASEAN – China Senior Officials' Meeting on Health Development）等，全面落实《中国—东盟卫生合作谅解备忘录》（ASEAN – China Memorandum of Understanding on Health Cooperation），支持更多双方商定的合作项目。最后，致力于减少新冠肺炎疫情对各国经济社会发展的影响，共同维护本地区内人文交流、贸易和投资活动，并在疫情防控的基础上恢复和加强地区内的交流合作。

由于新冠肺炎疫情将在未知的时间内继续影响国家乃至区域的决策，只有妥善处理这一问题，东盟和中国才能采取有意义的行动，减少和彻底缓解这两个区域的不平等状况。

在中期内，为了在缩小不平等差距方面做出有意义的改变，我们还可以采取一些措施。首先，推动工作机会和收入的平等。这可以通过制订国家计划来实现，明确表明政府将如何解决不平等问题，并实现其降低基尼系数（包括城市和农村地区之间的基尼系数）的目标，并与地方政府密切合作以确保地方政府承诺减少不平等。① 中国和东盟还可以对企业进行监管，以确保更多员工签订有保障的雇佣合同，同时缩小性别间的薪酬差距，消除女性平等进入劳动力市场的障碍。② 该区域的很多民间团体针对女性就业推广积极的社会规范和态度。③ 在东盟促进和保护妇女和儿童权利委员会（ASEAN Commission on the Promotion and Protection of the Rights of Women and Children）的指导下，中国和东盟可以在该领域进一步加强合作。其次，实行公平税收，鼓励私营部门发挥作用。为此，中国和东盟可以避免提供不利于社会发展的税收优惠，并在区域层面上密切开展税收合作。④ 另外，私营部门可以公布其性别间的薪酬差距数据，确保妇女获得体面和安全的就业机会，以有保障的雇佣合同雇用工人，支持政府针对国

---

① Gibson, Luke, "Towards a More Equal Indonesia: How the Government Can Take Action to Close the Gap Between the Richest and the Rest", Briefing Paper, Oxford: Oxfam GB for Oxfam International, 2017.

② Gibson, Luke, "Towards a More Equal Indonesia: How the Government Can Take Action to Close the Gap Between the Richest and the Rest".

③ Gibson, Luke, "Towards a More Equal Indonesia: How the Government Can Take Action to Close the Gap Between the Richest and the Rest".

④ Gibson, Luke, "Towards a More Equal Indonesia: How the Government Can Take Action to Close the Gap Between the Richest and the Rest".

家最低工资采取行动,并制定政策在其业务范围内提高最低工资,加大员工技能培训,以满足对高技能工人的需求。①

从长期来看,目标是促进有意义的社会融合以及缩小不平等差距。实现这一目标的理想做法是建立以问题导向的合作,构建一种能够进一步引发"涓滴效应"(Trickle – down Effect)的互利伙伴关系。长期以来,东盟一直因其精英主义的方法和行为而受到批评,通过"涓滴效应"开展更多帮助弱势群体及满足其需求的合作,确保合作成果惠及各方。

Achieving Sustainable Development Goals by 2030: Reducing the Gap of Inequality through ASEAN-China Trade Relations

Yulida Nuraini Santoso   Tunggul Wicaksono

Abstract　As a vital economic partner, Indonesia's businesses are heavily dependent on the Chinese market. However, the promising partnership has yet to fulfill the value of chain and stability across the Southeast Asia region. In addition, the tensions between Jakarta and Beijing have flared several times over the territorial issue and anti-Chinese sentiment. The bilateral ties are also challenged by the spread of the Coronavirus disease that escalates current difficulties. As the most affected sector, businesses have been bearing the brunt of the health crisis, including significant lay-offs, increasing unemployment rates, and the company's bankruptcy. Given the much larger unprecedented impacts due to social restrictions that led to the contraction in economic activity, perpetuating equality among nations seems to be challenging work. Therefore, a robust mitigation policy on addressing inequalities is needed. Without support from the international community, reducing inequality between the haves and the have nots will only be a scripted plan. The United Nations' Sustainable Development Goals (SDGs) are

---

① Gibson, Luke, "Towards a More Equal Indonesia: How the Government Can Take Action to Close the Gap Between the Richest and the Rest".

hoped to provide a rapid response for those most in need, particularly in benefiting the developing-economic countries. Despite some initiatives, the world needs a concrete policy to bring into action, especially in times of crisis. This paper seeks to explain the relation Indonesia and China shares as close international trading partners, the immediate impacts of its close relations, the face of inequality in Indonesia, how this will impact the future of ASEAN, as well as proposed ways forward to bring imbalance to an end through a proportional economic partnership.

Key Words　Inequality; Economy; Development; SDGs; COVID-19

Authors　Yulida Nuraini Santoso, ASEAN Studies Center of Universitas Gadjah Mada, Managing Director; Tunggul Wicaksono, ASEAN Studies Center of Universitas Gadjah Mada, Research Manager.

促进东盟和中国可持续旅游发展：来自菲律宾的案例研究

［菲律宾］埃拉·莱尔·古提尔瑞兹（著）　杨卓娟（译）*

【摘要】 多年来，旅游业在深化中国—东盟关系方面发挥了关键作用。发展旅游业在多大程度上能深化双边关系，取决于作为旅游客源地和旅游目的地的国家（地区）的地位。本文采用案例研究，梳理菲律宾促进可持续旅游发展的实践。在此基础上，分析这些实践如何有助于促进东盟国家和中国的可持续旅游发展，并提出政策建议。

【关键词】 可持续旅游　东盟　中国　菲律宾

【作者简介】 埃拉·莱尔·古提尔瑞兹（Eylla Laire M. Gutierrez），菲律宾亚洲管理学院旅游中心，研究经理。

一　引言

多年来，旅游业在深化中国—东盟关系中发挥了关键作用。在全球化背景下，旅游是加强文化认同、促进文化交流的跳板。[①] 认识到这一点，以 2017 年中国—东盟旅游合作年为标志，旅游合作成为加强中国—东盟合

---

* 杨卓娟，广西大学国际学院，助理研究员，本翻译是广西哲学社会科学规划研究课题"中国对湄公河五国发展援助研究"阶段性研究成果。

① Honglei Rui, "A Probe About the New Ways of Deepening China – ASEAN Tourism Cooperation in the New Era", International Conference on Strategic Management, 2019, https://webofproceedings.org/proceedings_ series/ECOM/ICSM%202019/ICSM046.pdf, 登录时间：2021 年 1 月 30 日。

作的优先方向,强调通过促进高质量旅游、自由化互联互通等方面的合作,提高各方旅游合作水平。① 2018年发布的《中国—东盟战略伙伴关系2030年愿景》强调了旅游业在中国—东盟关系中的价值,发展旅游业进一步巩固了中国—东盟伙伴关系。

通过旅游深化关系在很大程度上受到各方作为旅游客源地和目的地地位的重要影响。旅游业是东盟和中国经济的重要组成部分,对各自国内生产总值(GDP)和就业作出了重要贡献,如表1和表2所示。

表1　　　　2015—2020年旅游业对国内生产总值的直接贡献率　　　　(单位:%)

年份 国家	2015	2016	2017	2018	2019	2020
柬埔寨	14.23	13.74	14.03	14.46	14.44	14.38
菲律宾	10.06	10.66	12.08	12.38	12.34	12.21
泰国	8.76	9.1	9.47	9.62	9.72	9.89
越南	5.66	5.83	5.92	6.02	5.93	5.84
马来西亚	5.84	6	5.89	5.77	5.8	5.81
新加坡	3.89	4.17	4.12	3.97	4	4.04
老挝	4.51	4.16	4.14	3.92	3.9	3.87
缅甸	2.91	2.95	2.93	2.81	2.74	2.73
印尼	1.89	1.86	1.85	1.9	1.9	1.87
文莱	1.11	1.17	1.25	1.26	1.26	1.28
中国	2.51	2.66	2.77	2.79	2.79	2.82

资料来源:Knoema World Data Atlas.

表2　　　　2015—2020年旅游业对就业的直接贡献率　　　　(单位:%)

年份 国家	2015	2016	2017	2018	2019	2020
柬埔寨	12.8	12.75	13.54	14.63	15.32	16
菲律宾	12.6	12.66	12.93	13.23	13.18	13.05

---

① ASEAN Secretariat News,"ASEAN, China to Boost Tourist Traffic in the Year of Tourism Cooperation",2017,https://asean.org/asean-china-to-boost-tourist-traffic-in-the-year-of-tourism-cooperation/,登录时间:2021年1月30日。

续表

年份\国家	2015	2016	2017	2018	2019	2020
泰国	5.93	6.06	6.26	6.46	6.54	6.7
马来西亚	5.54	5.72	5.64	5.55	5.6	5.64
越南	4.41	4.55	4.63	4.71	4.7	3.67
新加坡	4.36	4.47	4.62	4.69	4.68	4.63
印尼	3.53	3.64	3.61	3.7	3.7	3.73
老挝	3.82	3.53	3.51	3.33	3.31	3.29
缅甸	2.54	2.67	2.74	2.7	2.7	2.76
文莱	2.25	2.33	2.42	2.44	2.44	2.44
中国	3.62	3.63	3.64	3.69	3.73	3.78

资料来源：Knoema World Data Atlas.

近年来，中国与东盟之间的旅游活动不断增多。[1] 双方互为主要旅游市场，中国是东盟最大的旅游客源国，缅甸、越南、马来西亚、菲律宾、新加坡、泰国和印度尼西亚7个东盟国家是中国主要的旅游客源国。2018年，东盟与中国游客往来超5000万人次，其中中国赴东盟国家游客达3000万人次，东盟国家赴中国游客达2200万人次。[2]

旅游业是东盟和中国至关重要的产业，具有强劲的增长潜力，但推动旅游业可持续发展仍面临挑战。[3] 随着自然环境和生物多样性被破坏、资源消耗增多、污染等各种问题的出现以及新冠肺炎疫情的影响，东盟和中国追求可持续旅游发展变得日益重要，人们对可持续发展的旅游形式发出了前所未有的呼吁。

基于上述背景，本文采用案例研究的方法，在回答"菲律宾可持续旅游发展的最佳实践是什么"的基础上，分析"东盟和中国如何共享可

---

[1] "Forging Closer Asean – China Economic Relations in the Twenty – First Century", ASEAN – China Expert Group on Economic Cooperation, 2001, https://www.asean.org/storage/images/archive/newdata/asean_chi.pdf, 登录时间：2021年1月30日。

[2] ASEAN – China Centre, "2018 Tourism Facts & Figures in China and between ASEAN & China", 2020, http://www.asean-china-center.org/english/2020-02/4251.html, 登录时间：2021年1月30日。

[3] Vannarith Chheang, "Tourism and Regional Integration in Southeast Asia", Chiba: Institute of Developing Economies, Japan External Trade Organization, 2013, p.4.

持续旅游发展实践经验",为促进东盟和中国可持续旅游发展提供政策建议。

二 可持续旅游发展面临的挑战

可持续旅游一般被认为是"充分考虑当前和未来的经济、社会和环境影响,满足游客、旅游业、环境和当地社区需求的旅游方式"。① 简单地说,就是用三重底线法(triple bottom line approach,TBL)判断,即综合考虑人、地球和利润(People,Planet,Profit,3Ps),应用到旅游业意味着不仅促进经济增长(利润),也促进环境(地球)和社会发展(人)。② 有关这一主题的大量文献主要将可持续旅游视为一个涉及利益相关者的持续过程(an ongoing process)。③ 这源于旅游业无法平衡其对自然资源快速增长的需求。④ 有鉴于此,中国—东盟关系中的可持续旅游一直聚焦于东盟可持续和包容性旅游发展委员会(ASITDC)建议的四点干预措施⑤:

一是保护自然环境和生物多样性。旅游业被认为是影响生物多样性的关键因素。⑥ 在大多数情况下,旅游业支持生物多样性的保护和管理,并且在一定程度上为保护生物多样性提供经济支持。⑦ 然而,近年来,人类

---

① UN World Tourism Organization (UNWTO),"Sustainable Development",https://www.unwto.org/sustainable-development,登录时间:2020年1月26日。
② John Elkington,"The Triple Bottom Line",in Michael Russo ed.,*Environmental Management*: *Readings and Cases*,1997,pp.1-16.
③ Peter Hardi and Juanita Ama DeSouza-Huletey,"Issues in Analyzing Data and Indicators for Sustainable Development",*Ecological Modelling*,Vol.130,No.1-3,2000,pp.59-65.
④ Michael C. Hall,"Degrowing Tourism:Décroissance,Sustainable Consumption and Steady-State Tourism",*Anatolia*,Vol.20,No.1,2009,pp.46-61.
⑤ Rosa Ocampo,"Philippines Makes Deeper Push For Sustainable Tourism",TTG Asia,February 17,2020,https://www.ttgasia.com/2020/02/17/philippines-makes-deeper-push-for-sustainable-tourism/,登录时间:2021年2月1日。
⑥ Michael C. Hall,"Tourism and Biodiversity:More Significant than Climate Change?" *Journal of Heritage Tourism*,Vol.5,No.4,2010,pp.253-266.
⑦ Ralf Buckley,"Evaluating the Net Effects of Ecotourism on the Environment:a Framework,First Assessment and Future Research",*Journal of Sustainable Tourism*,Vol.17,No.6,2009,pp.643-672;David Newsome,Susan A. Moore and Ross Kingston Dowling,*Natural Area Tourism:Ecology,Impacts and Management*,Bristol:Channel View Publications,2012,pp.12-15.

活动、气候变化以及与旅游活动有关的污染在加速生物多样性的消失。[1]

二是降低资源消耗。对旅游业来说，管理能源、土地、水、动植物等各种自然资源的消耗已被证明是一项挑战。在这种情况下，满足旅游目的地的服务需求的同时，旅游活动必须促进这些资源的最低限度消耗的实现。

三是降低污染。这指的是对水、土地和空气生态系统的污染降至最低的旅游活动形式，这些通常受到旅游过程中过度使用塑料和水体中高浓度大肠杆菌的污染。在旅游活动密集的地方，很容易观察到更多的固体废物以及污水排放物质等。在大多数目的地，游客会制造大量的固体和液体垃圾，如何适当地处理废弃物是常见的问题。[2]

四是降低新冠肺炎疫情影响。由于广泛的国际旅行限制和对感染的恐惧，旅游业一直是受新冠肺炎疫情影响最大的行业之一。2020年，亚洲接待的国际游客预计比2019年减少75%。对依赖旅游业的经济体来说，经济影响十分严重。[3] 因此，恢复对旅游和旅游业的信心使可持续旅游面临的挑战变得更加复杂。

东盟和中国的大多数自然旅游目的地正经历着大量游客涌入或过度旅游。大量研究表明，环境可持续性和旅游具有相互影响关系，环境可持续性有助于旅游活动的增加，而旅游业增长可能加速环境退化。[4] 这些没有得到解决的问题随着旅游活动的迅速增加进一步恶化。

三 菲律宾可持续旅游发展案例

旅游业是菲律宾的经济支柱之一，2019年旅游业占国内生产总值的

---

[1] Stefan Gössling and C. Michael Hall, "Uncertainties in Predicting Tourist Flows under Scenarios of Climate Change", *Climatic Change*, Vol. 79, No. 3, 2006, pp. 163-173.

[2] Navarro Ferronato and Vincenzo Torretta, "Waste Mismanagement in Developing Countries: a Review of Global Issues", *International Journal of Environmental Research and Public Health*, Vol. 16, No. 6, 2019, pp. 1060.

[3] Matthias Helble and Anna Fink, "Reviving Tourism Amid the COVID-19 Pandemic", September 2020, https://www.adb.org/sites/default/files/publication/633726/reviving-tourism-amid-covid-19-pandemic.pdf, 登录时间：2021年2月2日。

[4] Hong Shi, Xia Li, Han Zhang, Xiaojuan Liu, Taohong Li and Zhentao Zhong, "Global Difference in the Relationships between Tourism, Economic Growth, CO_2 Emissions, and Primary Energy Consumption", *Current Issues in Tourism*, Vol. 23, No. 9, 2020, pp. 1122-1137.

可持续发展

12.7%，为大约600万人创造了就业岗位。① 过去十年，在旅游业国内生产总值贡献率增长最快的国家中，菲律宾排名第七。② 然而，尽管菲律宾旅游业表现出色，但在充分发挥其潜力方面仍然落后。与其他发展中经济体的经验一样，菲律宾也面临着伴随旅游业快速发展环境恶化和资源枯竭等问题。

作为旅游目的地，菲律宾面临多种挑战，这些挑战主要缘于目的地的旅游活动迅速增多，给地方层面带来了更大的压力，包括环境压力、遭受自然灾害、处理危机能力薄弱以及目的地缺乏发展规划等。在新冠肺炎疫情暴发导致旅游活动暂停的情况下，这些问题变得更加突出。③ 为确保旅游业以可持续、包容和竞争的方式发展，菲律宾政府与旅游部（DOT）共同制定了《2017—2022年国家旅游发展计划》（NTDP），作为国家旅游业发展蓝图。来自政府（包括国家和地方）、旅游企业、地方社区和非政府组织的一系列利益攸关方制定并实施了若干倡议，对这一总体框架提供了补充和支持。

本文通过回顾菲律宾各种利益攸关方为支持旅游业可持续发展而提出的一些倡议，尤其是通过研究现有的学术和行业材料，选出8个参考案例：

1. 阿纳霍—菲律宾可持续旅游认证（Anahaw – Philippine Sustainable Tourism Certification）

菲律宾旅游部推出了第一个国家绿色认证项目"阿纳霍—菲律宾可持续旅游认证"，以提高能源和资源利用效率，促进国家的可持续旅游。该认证按照级别（1—5级）和有关指标发给提供住宿的酒店。评估的内容包括水和能源消耗，以及在促进环境保护、文化遗产保护、社区参与和遵守

---

① Philippine Statistics Authority, "Press Release No. 2020 – 013", January 23, 2020, https://psa.gov.ph/vital-statistics, 登录时间：2021年2月2日。
② World Travel and Tourism Council, "Philippines 2020 Annual Research: Key Highlights", 2020, https://wttc.org/Research/Economic-Impact, 登录时间：2021年2月5日。
③ Lesley Jeanne Yu Cordero, Madhu Raghunath & Philippe De Meneval, "Philippines – Sustainable Inclusive and Resilient Tourism Project", The World Bank, 2020, http://documents1.worldbank.org/curated/en/722661600247421323/Concept-Project-Information-Document-PID-Philippines-Sustainable-Inclusive-and-Resilient-Tourism-Project-P171556.docx, 登录时间：2021年2月15日。

政府法律法规方面的表现。① 获得认证的机构，还需要节约运营成本，在盈利的同时强调保护资源。这样，认证不仅影响商业运作模式，也能使游客认识到保护资源的价值。②

2. 巴拉望爱妮岛度假村（El Nido Resorts，Palawan）

爱妮岛度假村（El Nido Resorts）是菲律宾获得多个奖项的国际公认的可持续度假村，包括好几个岛屿景点。爱妮岛度假村通过四重底线战略（The Quadruple Bottom Line Strategy）关注可持续性。四重底线包括财务增长、环境管理、社区参与和组织发展。在环境保护方面，让爱妮岛社区和雇员参与一系列培训和学习，进行有关环境管理、保护的讨论。爱妮岛度假村通过结合国家政府、非政府组织、私营部门和当地社区的可持续发展努力，为实现真正的生态旅游提供了最佳实践。爱妮岛度假村的管理确保了当地社区积极参与政策规划、实施以及监督和评估。③ 爱妮岛度假村体现了一种旅游管理实践，即私营企业将当地社区参与纳入其旅游发展战略。本案例中，当地社区被视为重要的利益相关者，其意见和观点对可持续发展至关重要。

3. 巴拉望达鲁杨海滩山峰度假村（Daluyon Beach and Mountain Resort，Palawan）

达鲁杨海滩山峰度假村被誉为菲律宾酒店业的绿色运动领导者，在可持续旅游领域得到了广泛认可，并获得了多个著名奖项，包括2012年的东盟绿色酒店奖。达鲁杨海滩山峰度假村主要通过采用绿色技术、节水设备和节能措施来实现可持续发展。④ 其可持续发展主要是由零碳度假项目

---

① "Anahaw Certification Awards Environmentally Sustainable Hotels and Resorts"，Philippine Primer，July 7，2019，https：//primer.com.ph/blog/2019/07/07/anahaw－certification－sustainable－hotels－resorts/，登录时间：2021年2月13日。

② "Incentive to Go Green Anahaw Certification Program Helps Hotels，Resorts Become Eco－Warriors"，Manila Bulletin，May 16，2019，https：//www.pressreader.com/philippines/manila－bulletin/20190516/281891594727188，登录时间：2021年3月2日。

③ Mariglo Lariri，"El Nido Resorts：A Study in Sustainability and Resilience"，Presentation during the Global Network Week of the Global Network for Advanced Management，2015.

④ Johannes Chua，"Sustainable Resorts：Transforming the Tourism Landscape"，Manila Bulletin，February 2，2019，https：//www.pressreader.com/philippines/manila－bulletin/20190202/page/65，登录时间：2021年1月2日。

（Zero Carbon Resort Project）的 3Rs 原则指导①：更换（Replace）低效的电器和设备，降低（Reduce）能源消耗和重新设计（Redesign）建筑。通过这些努力，该度假村能够减少温室气体排放和水电消耗，这相当于节约了约 40% 的总运行成本。② 达鲁杨海滩山峰度假村的经验证明，资源保护可以与商业盈利相结合，从而形成一种可持续的旅游经营方式。③

4. 马苏妮自然保护区（Masungi Georeserve）

马苏妮自然保护区是获得国际奖项由私人经营的保护区，以致力于可持续保护和创新地质旅游的实践而闻名。④ 马苏妮自然保护区遵循地质保护模式（Georeserve Model），通过创新旅游增强自然保护，强调保护、教育研究、工程设计三大支柱相结合。⑤ 遵循该模式，马苏妮自然保护区提供少量的小道旅行体验，积极支持居民和志愿者的保护工作。⑥ 通过积极主动的方式，马苏妮自然保护区成功阻止地区内的非法采矿、伐木、采石和违规开发活动，并通过培训、环境教育等支持当地社区。马苏妮自然保护区 2018 年获得联合国生物多样性公约（UN – CBD）的特别表彰，入围 2019 年联合国世界旅游组织奖。

---

① 零碳度假（ZCR）可持续旅游项目为期四年，从 2014 年 5 月到 2018 年 8 月，由欧盟 Switch Asia 项目（European Union – Switch Asia Program）资助，旨在鼓励泰国和菲律宾不断发展的酒店行业，通过投资和应用世界各地专家开发的技术，减少水和电等资源的消耗，降低碳排放。

② Henrylito Tacio, "A Greener Philippines Through Zero Carbon Resorts", Gaia Discovery, November 20, 2011, https://www.gaiadiscovery.com/latest – places/a – greener – philippines – through – zero – carbon – resorts.html, 登录时间：2021 年 1 月 12 日。

③ Jazztin Manalo, "Zero Carbon Resorts Best Practices: A case of Palawan, Philippines", *Ecoforum Journal*, Vol. 8, No. 3, 2019, pp. 1 – 6.

④ Richard S. Aquino and John Paolo R. Rivera, "Public – private Partnership Framework For Sustainable Geopark Development", in Ross Dowling and David Newsome eds., *Handbook of Geotourism*, Cheltenham: Edward Elgar Publishing, 2018, pp. 111 – 125.

⑤ Billie Dumaliang, "The Georeserve Model: Mindful Engineering as a Means to Build Sustainable Tourism Value and Income in Conservation Areas", Panorama, September 28, 2018, https://panorama.solutions/en/solution/georeserve – model – mindful – engineering – means – build – sustainable – tourism – value – conservation, 登录时间：2021 年 1 月 20 日。

⑥ Jonathan Mayuga, "Conservation Innovation Works Wonders for Masungi Georeserve but Threats Remain", Business Mirror, October 7, 2019, https://businessmirror.com.ph/2019/10/07/conservation – innovation – works – wonders – for – masungi – georeserve – but – threats – remain/, 登录时间：2021 年 1 月 20 日。

5. 旅游价值链转型项目（Transforming Tourism Value Chains）

由菲律宾环境保护和可持续发展中心发起的旅游价值链转型项目旨在减少酒店、会议和展览等的温室气体排放，提高资源利用效率。该项目鼓励更多的旅游利益攸关方参与监测自身的温室气体排放，并减少旅游活动产生的污染物。在这一过程中，可持续的商业实践，如可持续采购，提高资源效率的方法被介绍给行业的关键参与者。该项目强调的是利益相关者的参与，包括公私参与者以及更大的价值链参与者。①

6. 维斯塔项目（Visita）

维斯塔项目是一个科技和教育项目，以可持续旅游作为环境保护的跳板。维斯塔为目的地注册流程的专业化和数字化提供了一个更好的管理平台，主要目的是解决加强承载能力、旅游流管理和政策执行方面的问题。这样可以实现提高承载能力、数据收集和管理以及游客教育。提供一系列培训是维斯塔项目的一部分，使目的地管理人员掌握实现可持续旅游的最佳做法，同时掌握利用技术保护旅游目的地的技能。该项目的合作伙伴是由菲律宾全国各地方政府管理的旅游目的地组织。② 该项目由规划网络公司（the Planning Network Inc）实施，并得到马苏妮自然保护区基金会的支持。

7. 锡基霍尔的海洋保护区（Marine Protected Areas in Siquijor）

锡基霍尔的 Maite、Bino - ongan 和 Caticugan 村的保护区被称为通过推动性别平等，实现可持续旅游和保护的典范。作为一个曾以非法偷猎活动而闻名的地区，保护区提供了通过保护环境增加收入来源的另一途径：即提高女性承担管理保护区的能力和责任感，赋予女性以非消耗性的方式保护该地区的权力。此外，该保护区还受益于可持续的潜水旅游活动、海藻养殖等。③

---

① Philippine Center for Environmental Protection and Sustainable Development, INC（PCEPSDI），"Transforming Tourism Value Chains", 2019, https：//pcepsdi. org. ph/projects/transforming - tourism - value - chains/? fbclid = IwAR3nFpOu2zVtyR - PxcJj9RKcpUuN5F9gDfkiKAQH2xupOfdm - W1vpb6Brn0, 登录时间：2021 年 2 月 2 日。

② Masungi Georeserve, "VISITA: Helping Destinations Adapt to Health Protocols through Technology", June 30, 2020, https：//www. masungigeoreserve. com/visita - helping - destinations - adapt - to - health - protocols - through - technology/, 登录时间：2021 年 2 月 2 日。

③ Barbara Clabots, "Gender Dimensions of Community - Based Management of Marine Protected Areas (MPAs) in Siquijor, Philippines", Panorama, February 20, 2017, https：//panorama. solutions/en/solution/gender - dimensions - community - based - management - marine - protected - areas - mpas - siquijor, 登录时间：2021 年 1 月 31 日。

可持续发展

8. 锡亚高苏格巴泻湖（Sugba Lagoon Siargao）

苏格巴（Sugba）生态旅游项目由德卡门（Del Carmen）当地政府与其他政府机构、非政府组织和两个私人组织共同管理。作为世界著名的旅游目的地，旅游活动代替参与非法捕鱼和非法砍伐红树林成为这些家庭获取收入的新途径。这一项目的实践突出了当地社区参与和教育的重要性，以及提高地方政府组织可持续管理目的地的能力的重要性。以社区为节约资源和执行政策的奖励的主体，该地区的旅游活动为其人民带来了社会经济利益。①

正如本文重点分析的案例所展现的那样，尽管不同案例中各方采取的方式不同，但政府、当地社区、旅游企业和非政府组织等旅游业利益相关者具有同等重要的作用，都可以积极参与并为可持续发展作出贡献。因此，成功实施可持续性旅游的关键在于增强旅游利益攸关方的能力以使其能够参与其中。

四　结论

虽然新冠肺炎疫情使旅游业突然停止，但它给了人们重新思考和评估旅游业作为产业发展的"机会"。一定程度上，这一时期被认为是"颠覆的时代"（Age of Disruption），创新的商业理念受到欢迎。本文的写作目标是激发行动，使旅游业成为可持续发展的驱动力。所讨论的案例说明了可持续旅游如何成为发展的支柱。回顾8个案例可以发现更全面的促进可持续旅游的方法，如表3所示。

表3　　　　　　　　　　案例实践经验总结

案例	主要行为者	地点	实践经验
阿纳霍-菲律宾可持续旅游认证	国家政府部门	—	对可持续旅游实践的认可

---

① Cheryl Dugan, "Balancing Environment Conservation and Economic Gain Through Community – based Tourism", Panorama, August 25, 2018, https：//panorama.solutions/en/solution/balancing – environment – conservation – and – economic – gain – through – community – based – tourism，登录时间：2021年1月31日。

续表

案例	主要行为者	地点	实践经验
爱妮岛度假村	私人组织	巴拉望爱妮岛	可持续发展的四重底线战略：财务增长、环境管理、社区参与和组织发展
达鲁杨海滩山峰度假村	私人组织	巴拉望普林塞萨港（Puerto Princesa, Palawan）	可持续发展的3Rs原则：更换（Replace）低效的电器和设备，降低（Reduce）能源消耗和重新设计（Redesign）建筑
马苏妮自然保护区	私人组织	黎刹（Baras, Rizal）	地质保护模式：创新旅游，强调保护、教育研究、工程设计三大支柱相结合
旅游价值链转型项目	政府机构、非政府组织	—	监测温室气体排放和采取节约资源的措施
维斯塔项目	私人组织	—	提高承载能力和旅游流管理的数字化程度
锡基霍尔的海洋保护区	政府机构、地方政府	锡基霍尔	妇女参与保护区的管理
苏格巴泻湖	地方政府、非政府组织、当地社区	锡亚高苏格巴	突出地方社区参与和加强地方政府机构能力建设的重要性

根据所探讨的案例，在地方和国家层面推行可持续旅游的若干策略包括：

1. 利益相关者参与自然环境和生物多样性保护（价值链方法）

本文探讨的所有案例的核心是利益相关者参与。公私联盟对于确保可持续旅游项目的监督和制约至关重要，特别是在融资、建设，甚至目的地的管理和维护方面。[①] 更重要的是，必须从价值链的角度看待旅游发展，从这个角度来看，来自不同部门的利益攸关方相互作用并影响旅游产品和

---

① Ruxandra‐Gabriela Albu, "The Importance of The Public‐Private Partnerships for Sustainable Local Development of Tourism", In Faculty of Tourism and Hospitality Management in Opatija, Biennial International Congress, Tourism & Hospitality Industry, p. 60, University of Rijeka, Faculty of Tourism & Hospitality Management, 2012.

服务的提供。① 价值链中每个利益相关者的贡献对确保恰当地管理旅游目的地很关键。

2. 本地社区的参与

这不仅包括业内专家和决策者的参与，还包括基层——当地社区成员的参与。② 当地社区参与旅游发展议程的制定，在弥合目的地的资源利用和治理之间的差距方面发挥着作用。③ 与旅游有关的利益相关者中，当地社区最为重要，因为其利益影响决策者的决定，也受到决策者决定的影响。④ 如果旅游目的地的当地社区没有获得利益，旅游发展便毫无意义。因此，社区参与的关键是旅游目的地采用的参与方式，即允许社区在什么层面影响决策。⑤

3. 激励机制

激励机制的建立凸显了政府在激励旅游利益相关者选择可持续旅游方面的关键作用。激励可能以有形（如财政和便利设施）或无形（如环境和地位）的形式出现，其总体目标是促进可持续性。⑥ 必须指出的是，激励取决于包括地方政府和游客在内的其他利益相关者同时采取可持续性举措的努力程度。其他类型的激励举措包括政府支持针对旅游业的更广泛的环保政策，优先考虑使用环保技术和支持企业可持续发展。⑦

---

① John Paolo R. Rivera and Eylla Laire M. Gutierrez, "A Framework toward Sustainable Ecotourism Value Chain in the Philippines", *Journal of Quality Assurance in Hospitality & Tourism*, Vol. 20, No. 2, 2019, pp. 123 – 142.

② Eylla Laire M. Gutierrez, "Participation in tourism: Cases on Community – Based Tourism (CBT) in the Philippines", *Ritsumeikan Journal of Asia Pacific Studies*, Vol. 37, 2019, pp. 23 – 36.

③ Tazim Jamal and Amanda Stronza, "Collaboration theory and Tourism Practice in Protected Areas: Stakeholders, Structuring And Sustainability", *Journal of Sustainable Tourism*, Vol. 17, No. 2, 2009, pp. 169 – 189.

④ Stephen F. McCool, "Constructing Partnerships for Protected Area Tourism Planning in an Era of Change and Messiness", *Journal of Sustainable Tourism*, Vol. 17, No. 2, 2009, pp. 133 – 148.

⑤ Michael Muganda, Agnes Sirimaand Peter Marwa Ezra, "The Role of Local Communities in Tourism Development: Grassroots Perspectives from Tanzania", *Journal of Human Ecology*, Vol. 41, No. 1, 2013, pp. 53 – 66.

⑥ Nathaniel D. Line, Lydia Hanks and Li Miao, "Image Matters: Incentivizing Green Tourism Behavior", *Journal of Travel Research*, Vol. 57, No. 3, 2018, pp. 296 – 309.

⑦ Peng He, Yong He and Feifei Xu, "Evolutionary Analysis of Sustainable Tourism", *Annals of Tourism Research*, Vol. 69, 2018, pp. 76 – 89.

4. 女性参与

旅游业是一个高度性别化的行业，大部分女性从事低薪和低技能的工作，① 女性参与旅游业很大程度上受到其所属社会和文化的影响。② 因此，旅游业面临的一个持续的挑战是如何让女性有更高的参与度，同时更多地担任领导角色。③

5. 教育和培训

教育和培训是确保利益攸关方有能力和技能积极参与旅游业发展的支柱。④ 利益攸关方不仅仅是执行者，还应被授权参与发展决策。⑤ 通过教育培训，在促进可持续旅游方面，利益攸关方提高参与水平和程度，可从单纯的参与主体转变为积极参与伙伴。

6. 技术

技术在改变旅游业面貌方面发挥了关键作用⑥，尤其是在管理旅游业的需求和供应方面作用更大，同时技术可以协助相关方进行预期和行为管理。正如上述案例所阐明的那样，基于技术的基础设施可以帮助管理人员在旅游目的地实施有效管理。⑦ 同时，技术也可以作为旅游消费的替代品，以个性化、互动和实时旅游（PIRTs）的形式出现。⑧ 因此，技术可以作为

---

① Vivian Kinnaird and Derek Hall, "Understanding Tourism Processes: a Gender – aware Framework", *Tourism Management*, Vol. 17, No. 2, 1996, pp. 95 – 102.

② Horst Feldmann, "Protestantism, Labor Force Participation, and Employment across Countries", *American Journal of Economics and Sociology*, Vol. 66, No. 4, 2007, pp. 795 – 816.

③ Linh Tran and Pierre Walter, "Ecotourism, Gender and Development in Northern Vietnam", *Annals of Tourism Research*, Vol. 44, 2014, pp. 116 – 130.

④ Rene Veron, Stuart Corbridge, Glyn Williams and Manoj Srivastava, "The Everyday State and Political Society in Eastern India: Structuring Access to the Employment Assurance Scheme", *The Journal of Development Studies*, Vol. 39, No. 5, 2003, pp. 1 – 28.

⑤ Eylla Laire M. Gutierrez, "Participation in Tourism: Cases on Community – Based Tourism (CBT) in the Philippines", *Ritsumeikan Journal of Asia Pacific Studies*, Vol. 37, 2019, pp. 23 – 36.

⑥ Barbara Neuhofer, Dimitrios Buhalisand Adele Ladkin, "A Typology of Technology—Enhanced Tourism Experiences", *International Journal of Tourism Research*, Vol. 16, No. 4, 2014, pp. 340 – 350.

⑦ Billie Dumaliang, "The Georeserve Model: Mindful Engineering as a Means to Build Sustainable Tourism Value and Income in Conservation Areas", Panorama, 2018, https://panorama.solutions/en/solution/georeserve – model – mindful – engineering – means – build – sustainable – tourism – value – conservation, 登录时间：2021 年 1 月 20 日。

⑧ David A. Fennell, "Technology and the Sustainable Tourist in the New Age of Disruption", *Journal of Sustainable Tourism*, May 2020, pp. 1 – 7.

减少旅游生态足迹的方法。①

7. 专注于小规模客群

加强旅游承载能力是推动旅游可持续性发展的关键，而管理游客流量一直是旅游业的一个挑战。要管理好游客流量，就必须将旅游管理的重点从游客的数量转向游客的质量。②按照同样的逻辑，在指导旅游目的地开展实操时必须强调专注于小规模客群③，而非大量游客。从管理的角度来看，这可能需要扩展旅游发展的概念，把重点放在旅游目的地的游客支出而不是游客数量上。

所讨论案例中的旅游管理实践经验，主要包含自下而上和自上而下的做法，地方社区包括女性可以被授权参与和管理旅游活动，国家政府也可以建立必要的体制框架。可持续旅游意味着需要采取多方参与管理的办法：企业等私人行为体可持续地促进和经营旅游活动；地方政府单位给予支持；非政府组织通过技术支持将可持续性注入旅游活动。此外，学习其他邻国的经验也是实现可持续发展的重要组成部分——这是东盟和中国之间可持续伙伴关系和合作的切入点。为此，提出几项区域合作的建议：

一是加强双边和多边合作。为提高认识，进一步加强讨论以激发主动性和领导力，应该在区域层面推动可持续旅游议程。

二是加强利益相关者的参与。增加平台和渠道为东盟和中国当地利益攸关方加入探讨可持续旅游提供便利。诸如企业、组织、社区、青年等地方利益攸关方应被授权参与促进可持续性旅游，为此可以通过搭建开展文化交流、利益相关方论坛、研讨会和其他活动的教育与培训平台来提高个体与团体的参与度。

三是促进经验和当地知识的分享。在加强合作促进旅游业可持续发展方面，应鼓励东盟成员国与中国进行相关实践和知识的跨国交流，同时鼓励为地方利益攸关方分享当地知识创造便利，可以通过汇编实践和案例的形式扩大区域内的知识和技能交流。

---

① Colin Hunter, "Sustainable Tourism and the Touristic Ecological Footprint", *Environment, Development and Sustainability*, Vol 4, No. 1, 2002, pp. 7 – 20.
② Eylla Laire M. Gutierrez, Rivera, John Paolo R., Roxas, Fernando Martin Y. & Zamora, Milette L., "Rebooting Philippine Tourism from the COVID – 19 Pandemic", *The World Financial Review*, October 29, 2020, pp. 35 – 39.
③ Milette L. Zamora, *Space Travel: Post – Covid – 19 Travel Reboot* [PowerPoint Slides], Asian Institute of Management, 2020.

四是减少合作障碍。必须减少妨碍可持续旅游业区域合作的国内政策条例。在促进旅游业可持续发展方面,应优先考虑区域利益和合作。

Fostering Sustainable Tourism in ASEAN and China: A Case Study in the Philippines

Eylla Laire M. Gutierrez

Abstract Tourism has played a pivotal role in deepening ASEAN-China relations for years now. Deepened relations through tourism have been largely influenced by the parties' significant roles as tourist sources and tourist destinations. This paper compiles selected practices employed in fostering sustainable tourism in the Philippines using a case study approach. In doing so, the paper explores ways on how these practices can contribute to fostering sustainable tourism in other ASEAN countries and China. Findings of the study will provide policy recommendations and strategies on how sustainable tourism practices can be shared between the ASEAN and China.

Key Words Sustainable Tourism; ASEAN; China; Philippines

Authors Eylla Laire M. Gutierrez, Asian Institute of Management's Dr. Andrew L. Tan Center for Tourism, Philippine, Research Manager.

合力抗击传染病传播与减贫 推动中国—东盟可持续发展

［新加坡］余虹（著） 余俊杰（译）*

【摘要】 作为全球最大的贸易国，中国与东南亚邻国建立起密切且活跃的贸易关系，并成为大多数东盟国家的最大贸易伙伴，紧密的双边经贸伙伴关系为中国与东盟国家追求可持续发展奠定了坚实基础。然而，拥有6.5亿人口的东盟存在多样性，东盟国家，特别是中低收入的东盟国家在追求可持续发展目标（SDGs）过程中面临着巨大挑战。因此，东盟需要促进与中国以及其他合作伙伴国间的可持续发展合作，中国—东盟可持续发展合作可优先围绕抗击传染病传播与减贫两个方面展开。

【关键词】 东盟 中国 可持续发展 传染病 减贫 基础设施

【作者简介】 余虹（Yu Hong），新加坡国立大学东亚研究所，高级研究员。

一 中国与东盟经济关系：可持续发展合作的基础

作为全球最大的贸易国，中国与东南亚邻国保持密切活跃的贸易关系，并成为大多数东盟国家的最大贸易伙伴国，东盟在中国出口贸易中的地位不断攀升。与此同时，中国从东盟进口额占中国进口总额的比重也呈现上升趋势。这些迹象表明东盟与处于全球产业链中心的中国已建立起紧

---

* 余俊杰，广西大学国际学院《东盟研究》编辑部，责任编辑。

密的贸易关系。

2019年，东盟对外贸易总额约为2.8万亿美元，其中与中国的贸易额占东盟对外贸易总额的18%。远高于排第二位的欧盟（10%）和第三位的日本（8.1%）。[①] 2020年，在新冠肺炎疫情对全球经贸造成冲击的情况下，中国与东盟双边贸易额突破5000亿美元。这反映出中国与东盟成员国间经济关系的韧性和相互依赖性。充满活力的贸易关系为历经新冠肺炎疫情严重冲击的中国和东盟国家加快经济复苏提供了机遇。

在投资领域方面，虽然中国对东盟投资规模仍低于美国、欧盟和日本，但近年来，中国企业对东南亚地区的投资额大幅增长。2019年，中国对该地区的投资额达155亿美元，占中国对外投资总额的13%以上。

中国企业活跃在东南亚国家，先后参与了多个大型区域基础设施项目，包括从中国云南省通往老挝万象的中老铁路项目、老挝的水电站项目、柬埔寨的发电厂、印度尼西亚的燃煤电厂、雅加达至万隆的高铁项目、马来西亚的钢铁厂以及新加坡的地铁项目。"中国制造"的产品在东南亚国家的消费也很可观，主要涵盖消费品、食品、家用电器以及包括机动车发动机、智能手机、通信设备等在内的高端产品。

近年来，中国与东盟的经济关系比以往任何时候都更加紧密。中国与东盟国家通过全球供应链建立了紧密的经贸关系。东南亚人口超过6.5亿，是世界上经济增长最快的地区之一。该地区劳动力规模庞大，劳动力群体年轻化。同时随着中产阶级规模不断扩大，消费市场具有巨大的发展潜力。与此同时，东盟拥有丰富的自然资源和相对较低的生产成本，具备成为下一个世界工厂的先决条件，将在全球产业链中扮演更为重要的角色。

为进一步加强区域经济合作，以及促进区域一体化，中国和东盟国家近期与其他区域伙伴一道，签署了各方期待已久的《区域全面经济伙伴关系协定》（RCEP）。该协定的实施有利于东盟国家更好地参与区域产业供应链，加强其与世界特别是亚太地区的经济联系。总而言之，东盟国家加入《区域全面经济伙伴关系协定》后，将获得更大的市场准入，进而从由

---

① Yu Hong, "Wake–up Call for ASEAN Countries: Curb Over–reliance on China and Seize Opportunities of Global Supply Chain Restructuring", ThinkChina, March 26, 2020, https://www.thinkchina.sg/wake–call–asean–countries–curb–over–reliance–china–and–seize–opportunities–global–supply–chain, 登录时间：2021年2月15日。

此引发的出口增长、投资增长以及更多参与区域供应链的机会中获益。

同时，该协定有助于更多东盟中小企业融入区域价值链和全球价值链，拓展在成员国和全球市场的业务。由于东盟各国经济发展水平和产业结构不同，各国从《区域全面经济伙伴关系协定》中受益的程度也不尽相同。[①] 越南就是众多成员国中取得显著增长的一个典型代表，目前正力图在全球价值链中站稳脚跟，并成为越来越多的跨国企业（MNCs）设立生产工厂的重要目的地。

对于中国而言，加入《区域全面经济伙伴关系协定》有利于应对中美经贸摩擦、地缘政治形势变化和新冠肺炎疫情引发的全球经济衰退三重威胁。在中国与美国、英国和澳大利亚等主要贸易伙伴关系恶化之际，加入该协定也为中国提供了更多的回旋空间。同时该协定的实施，有利于扩大中国出口企业的海外市场份额，带来稳定的出口预期。未来，中国还将与包括东盟在内的亚太地区国家建立更紧密的经贸关系。

二 中国—东盟可持续发展合作的优先领域：预防传染病

新冠肺炎疫情的预防是可持续发展合作的重要领域。当前，新冠肺炎疫情在世界多个国家和地区蔓延，高度对外开放与联通的东南亚受到疫情的严重冲击。从2020年1月开始，东盟国家成为首批受新冠肺炎疫情影响的国家，随后新冠肺炎确诊病例在东盟成员国内持续增加。

当前，该地区形势迅速恶化，疫情防控形势严峻。由于人口规模庞大，该地区新冠肺炎确诊病例总数现已超过244万例（截至2021年2月），总死亡人数高达52963人。新冠肺炎感染人数仍在持续增加。印尼是东南亚地区中受疫情影响最严重的国家，确诊病例和死亡人数在地区内居首位。东盟地区内的其他成员国，包括菲律宾、马来西亚和缅甸，也受到新冠肺炎疫情蔓延的严重打击（参见表1）。

东盟各国公共卫生体系、医疗设施和资源差异巨大，在应对大规模传

---

① Yu Hong, "RCEP: The Benefits, the Regret and the Limitations", ThinkChina, December 29, 2020, https://www.thinkchina.sg/rcep-benefits-regret-and-limitations，登录时间：2021年2月18日。

染病暴发的准备工作和资源配置能力方面也同样存在差异。[①] 根据世界经济论坛发布的涵盖141个经济体的《2019年全球竞争力报告》，东盟国家的公共卫生能力差异极大。新加坡的健康水平居世界第一，拥有世界一流的医疗体系。然而，老挝（第109位）、柬埔寨（第105位）和菲律宾（第102位）则远远落后。如果新冠肺炎疫情在东盟内部不断恶化，公共卫生体系薄弱和医疗标准低的国家将迅速陷入困境，特别是老挝、柬埔寨、菲律宾和印度尼西亚。

表1　　　　　　　东盟地区新冠肺炎疫情情况　　　　　　　（人）

国家	总确诊病例数	总死亡人数	总确诊病例数/100万人口	检测人数/100万人口
印度尼西亚	1334634	36166	4846	39209
菲律宾	576352	12318	5214	79186
马来西亚	300752	1130	9215	112243
缅甸	141890	3199	2596	45560
新加坡	59936	29	10192	1239784
泰国	25951	83	371	17419
越南	2448	35	25	20396
柬埔寨	805	/	48	28739
文莱	186	3	422	228665
老挝	45	/	6	15269
总计	2442999	52963	32935	1826470

注："/"代表未公开报告新冠肺炎死亡病例。
资料来源：Worldometers on Coronavirus，数据更新于2021年2月28日。

东盟成员国医疗卫生体系面临巨大压力，难以应对疫情暴发和快速增加的新冠肺炎患者。然而，由新冠肺炎疫情带来的长期社会经济影响才刚刚开始显现，对东盟国家而言真正考验还在后面。

[①] Yu Hong, "Wake－up Call for ASEAN Countries：Curb Over－reliance on China and Seize Opportunities of Global Supply Chain Restructuring", ThinkChina, March 26, 2020, https：//www.thinkchina.sg/wake－call－asean－countries－curb－over－reliance－china－and－seize－opportunities－global－supply－chain，登录时间：2021年2月15日。

与此同时,印尼、菲律宾等东南亚国家已经受到新冠肺炎疫情的严重影响。自新冠肺炎疫情暴发以来,东盟国家出台了多项防控措施,试图遏制疫情蔓延。这些严格执行的措施包括隔离、限制活动和大型集会、关闭商店和学校,甚至停摆经济。在后疫情时代,东盟国家经济提振将取决于新冠肺炎疫情的蔓延能否迅速得到有效控制。

中国也采取了严格措施遏制疫情蔓延。自2020年2月新冠肺炎疫情暴发以来,中国进行了大规模检测,有效追踪和隔离接触者,必要时有针对性对特定区域采取封锁等措施。这些措施相对成功地遏制了病毒的传播,并在很大程度上控制了疫情,尽管偶尔仍有局部地区出现感染病例。此外,中国在新冠肺炎疫苗生产中发挥着领导作用,中国制造的疫苗不需要在极低的温度下冷藏保存,便于发展中国家储存和使用。

在抗击新冠肺炎疫情方面,东盟可与中国开展合作,加强信息共享、经验和实践交流。中国积极向东盟国家提供了急需的病毒检测设备、个人防护装备等医疗物资。中国国务院总理李克强出席于2020年11月召开的第23次中国—东盟领导人峰会时提议中国—东盟"推进可持续发展,增强抵御风险能力,加强生态环保、防灾减灾、气候变化、减贫等领域合作",并表示,中国已为"携手战胜疫情,提升公共卫生合作"做好准备。

对很多国家而言,获得有效疫苗是摆脱这场危机的唯一途径。封锁和其他严格的应急防控措施难以长期维持,因为缺乏社会保障和储蓄,人们需要工作来谋生。根据亚洲开发银行预估,因为区域供应链受损以及为抑制病毒传播而采取的限制措施,例如限制人员和货物的流动以及关闭非必要的企业,可能导致东南亚地区共达1160万至1840万人失业。[1]

此外,菲律宾和越南等经济依赖于移民劳动力海外汇款的东盟国家也受到了严重打击,因为许多移民劳动力可能会因疫情在世界范围内暴发而失去工作。由于疫情和经济停摆等严格的疫情防控措施,该区域的贫困劳动者很容易重新陷入贫困。许多属于最脆弱群体中的个人,包括儿童,可

---

[1] Aekapol Chongvilaivan, "Sustainable Development is Key in Responding to COVID – 19", East Asia Forum, July 6, 2020, https://www.eastasiaforum.org/2020/07/06/sustainable – development – is – key – in – responding – to – covid – 19/#:~:text=The%20UN%20Sustainable%20Development%20Goals, sufficient%20bang%20for%20their%20buck, 登录时间:2021年1月7日。

能生活在贫困线以下并营养不良。疫情严重的成员国被迫挪用大量资源以应对新冠肺炎疫情，结果肯定会对该国实现包括可持续发展目标在内的其他国家目标和完成发展指标造成极大影响。

中国凭借强大的制造能力，可以通过推动疫苗大规模生产，向疫情严重的东南亚国家提供疫苗，以释放自身的善意。目前，中国已经承诺，中国制造的疫苗将作为全球公共产品，并优先考虑提供给发展中国家。为此，中国加入了COVAX疫苗计划，① 该计划由世界卫生组织（WHO）发起，旨在在各国间公平分配疫苗。

三 中国—东盟可持续发展合作的优先领域：减贫

经过几十年，东盟国家实现了绝对贫困率的降低。然而，考虑到多样性和不同的经济发展阶段，东南亚各国的减贫力度存在巨大差异，其中缅甸、老挝和菲律宾，与其他成员国相比，生活支出低于1.90美元或生活在国家贫困线以下的人口比例仍然较高。（参见表2）

表2　　2018年东盟地区生活支出低于1.90美元国际贫困线和国家贫困线的人口比例　　　　　　　　　　　　　　（%）

国家	低于1.9美元国际贫困线[1]	低于国家贫困线[2]
文莱	/	/
柬埔寨	2.2	13.5
印度尼西亚	3.6	9.8
老挝	21.2	18.3
马来西亚	0.0	7.6
缅甸	6.2	24.8
菲律宾	6.1	16.7
新加坡	/	/

---

① 根据全球疫苗免疫联盟（GAVI）的信息，新冠肺炎疫苗实施计划（COVAX）是世界卫生组织（WHO）、欧盟委员会和法国为应对新冠肺炎疫情于2020年4月启动的获取COVID-19工具（ACT）加速计划的三大支柱之一。汇聚各国政府、全球卫生组织、制造商、科学家、私营部门、民间社会和慈善机构，以创新和公平的方式提供COVID-19诊断、治疗和疫苗。详见：https://www.gavi.org/vaccineswork/covax-explained。

续表

国家	低于1.9美元国际贫困线[1]	低于国家贫困线[2]
泰国	0.0	9.9
越南	1.9	6.8

注："/"代表无可用数据。（1）低于1.9美元国际贫困线：柬埔寨与老挝最新年份为2012年；马来西亚，缅甸和菲律宾最新年份为2015年。（2）低于国家贫困线：柬埔寨和马来西亚最新年份为2016年，缅甸为2017年。

资料来源：2020年东盟统计年鉴，世界银行。

百年一遇的新冠肺炎疫情可能会使东盟在减贫方面取得的进展付诸东流。基于东盟地区的国家贫困线，[①] 大约13%的人口生活在国家贫困线以下（参见图1）；与此同时，农村贫困率较高，2018年，大约18%的农村人口仍生活在国家贫困线以下（参见图2）。东盟地区中的中低收入国家老挝与菲律宾，生活在国家贫困线之下的人口比例甚至更高，2018年分别为18.3%和16.7%。

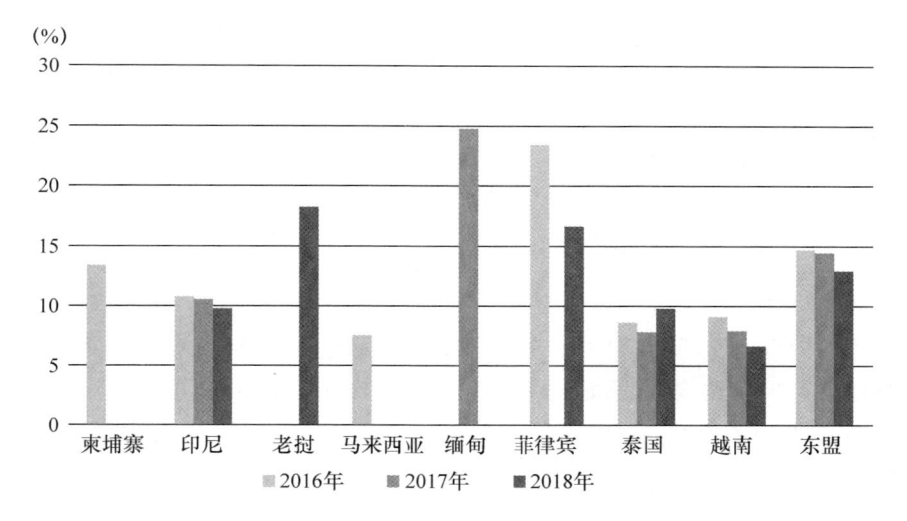

图1 2016—2018年东盟国家生活在国家贫困线以下的人口比例

资料来源：东盟秘书处。

[①] The ASEAN Secretariat, "ASEAN Sustainable Development Goals Indicators Baseline Report 2020", October 26, 2020, https://asean.org/?static_post=asean-sustainable-development-goals-indicators-baseline-report-2020，登录时间：2021年1月10日。

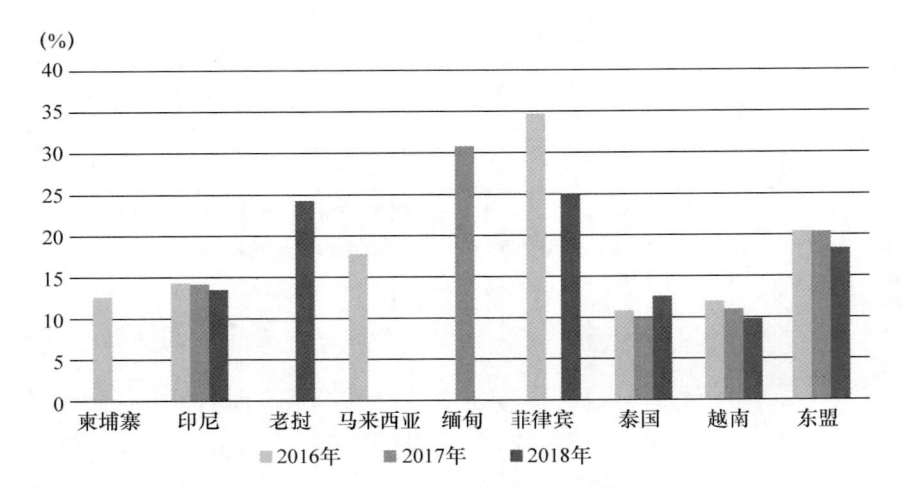

图 2　2016—2018 年东盟农村地区生活在国家贫困线以下的人口比例

资料来源：东盟秘书处。

东南亚国家预计仍有 8450 万至 1.17 亿人生活在贫困之中。根据亚洲开发银行的预测，已经摆脱绝对贫困的约 1800 万人将有可能重新陷入贫困，东南亚的贫困率有可能在 2020 年升至 18%。由于新冠肺炎疫情，东南亚消除贫困的努力遭受了几十年来最严重的挫折。联合国发出警告称由于新冠肺炎疫情带来的严重影响，东南亚的减贫成就可能会被逆转。疫情危机有可能摧毁东南亚 2.18 亿非正式劳工的生计，其结果可能使其家庭陷入贫困。

在《变革我们的世界：2030 年可持续发展议程》确立的 17 项可持续发展目标中，消除贫困被列为第一项。中国致力于落实 2030 年可持续发展议程的内容，2015 年 10 月，中国国家主席习近平承诺，到 2020 年，中国将使所有生活在贫困线以下的人口（约 7000 万）全部脱贫。中国在过去 40 年里取得了惊人的经济增长，在扶贫方面取得了令人瞩目的成就，在许多其他社会指标上也取得了进步。

中国从 2013 年开始实施精准扶贫政策。针对不同贫困地区、不同贫困家庭的不同情况，采取精准扶贫措施。全国贫困率从 2012 年的 10.2% 降至 2019 年的 0.6%。2021 年 2 月，中国国家主席习近平在中国脱贫攻坚总结表彰大会上发表讲话，宣布中国已经消除了极端贫困。2013 年以来，中国在扶贫方面投入约 1.6 万亿元。自 20 世纪 80 年代以来，全球消除极端贫困的成功案例中，中国占了 70% 以上。然而，中国仍然需要振兴农村经济，巩固脱贫攻坚成果，防止弱势群体再次陷入贫困。2020年是中国全面建成小康社会、消除农村绝对贫困的一年。根据官方数据，到2020年，中国832个贫困县和12.8万个农村已经从国家贫困名单中移除，提前10年实现了2030年可持续发展议程提出的相关目标。

中国政府实施的精准扶贫和消除贫困战略在战胜贫困和提高普通中国人民生活水平方面的成功经验值得东盟国家学习借鉴。中国与东盟国家围绕减贫开展可持续发展合作可从以下几个方面着手：

首先，鉴于东盟成员国的贫困程度较为严重和自我发展能力较弱，中国可以积极向东盟国家及世界其他国家分享减贫经验，具体包括发展农村产业和经济、改善农村治理、提供技术援助、提供针对农村人口的小额信贷政策、知识分享和能力建设、职业培训和加强扶贫管理等。目前，中国已在柬埔寨、老挝、缅甸等东盟国家开展了扶贫试点，推广减贫经验，提高当地村庄的组织能力，鼓励农民联合开展农业活动。

其次，东盟和中国可以利用已建立的中国—东盟社会发展与减贫论坛，深化在东南亚减贫领域的合作，推动双边减贫合作。依据自身的扶贫经验，中国已帮助东盟多个国家培训贫困乡村的地方官员，以帮助促进农村发展、改善基础设施以及为农村人民提供基本公共服务。

再次，中国可以在"一带一路"框架下，进一步与东盟国家推进可持续发展议程。特别是，区域内和区域间的基础设施发展可以帮助改善农村人民的生活水平，从而减缓贫困。基础设施的缺乏阻碍了当地居民获得更好的就业和商业机会，也限制了其改善生计的能力。多数东盟成员国仍面临着在基础设施建设领域存在巨大差距所造成的挑战，特别是缅甸和柬埔寨。根据国际货币基金组织的估计，到2030年，东盟国家每年还需要在基础设施建设领域额外投资350亿美元，才能实现"2030年可持续发展议程"中的目标。经济地理学领域的文献表明，改善基础设施可以促进经济增长。扩大基础设施投资是许多东盟国家发展规划的重要组成部分。然而，由于国内投资不足和政府财政能力有限，许多东盟国家在缺乏必要的资金和技术能力以及没有外来援助的情况下发展大型基础设施项目。基础设施不发达且资金短缺的国家需要进行外部融资，而鉴于发展中国家巨大的投资需求和国内资金约束，通过使用借贷融资工具寻求加速基础设施建设进程完全正常，但由此带来的一个突出问题是如何平衡基础设施发展需求和国内金融可持续性。基础设施互联互通是中国"一带一路"倡议的关键，也是鼓励地区国家参与的重要亮点。"一带一路"倡议以基础设施互联互通为核心，通过基础设施建设促进经济增长、提高人民生活水平，从而为本地区乃至世界减贫作出贡献。该地区许多低收入和发展中国家迫切需要吸引中国投资，为基础设施建设提供资金，刺激国内经济增长。

四　结语

2015年9月，"联合国可持续发展峰会"在纽约联合国总部召开，193个成员国共同达成了《变革我们的世界：2030年可持续发展议程》，为实现世界可持续发展提供了雄心勃勃的路线图。可持续发展是一个广泛的话题，需要采取多方面和跨部门的方法共同协商解决。

中国与东盟国家间构建的紧密的双边经贸伙伴关系，是中国和东盟共同追求可持续发展的坚实基础。然而，考虑到在这个拥有6.5亿人口的地区中成员国间广泛存在的多样性，东盟国家，特别是中低收入的东盟国家在实现可持续发展目标方面面临巨大挑战。[①] 为此，东盟应同包括中国在内的发展伙伴开展可持续发展合作。建立可持续发展的中国—东盟伙伴关系需要优先从预防传染病（如新冠肺炎病毒）和减贫两个领域着力。东盟国家的医疗卫生水平差异很大，新冠肺炎疫情让一些国家的医疗体系承受巨大压力，也严重拖累经济和民生。中国积极与东盟国家共享信息，并提供了疫苗和所需的医疗物资，帮助东盟国家抗击疫情。在减贫方面，中国已经与柬埔寨、老挝、缅甸开展减贫示范项目，未来中国还将更多地分享相关经验，帮助东盟以及世界其他地区摆脱贫困。

ASEAN – China Partnership on Combating Infectious Diseases and Poverty Alleviation

Yu Hong

Abstract　Tourism has played a pivotal role in deepening ASEAN – China

---

① 东盟地区的中低收入国家包括柬埔寨、印度尼西亚、老挝、缅甸、菲律宾和越南。

relations for years now. Deepened relations through tourism have been largely influenced by the parties' significant roles as tourist sources and tourist destinations. This paper compiles selected practices employed in fostering sustainable tourism in the Philippines using a case study approach. In doing so, the paper explores ways on how these practices can contribute to fostering sustainable tourism in other ASEAN countries and China. Findings of the study will provide policy recommendations and strategies on how sustainable tourism practices can be shared between the ASEAN and China.

Key Words　ASEAN; China; Sustainable Development; Infectious Diseases; Poverty Alleviation; Infrastructure

Authors　Yu Hong, East Asian Institute of National University of Singapore, Senior Research Fellow.

国别研究

Country Studies

从人革党"十一大"报告看老挝未来政策走向

韦健锋

【摘要】老挝人民革命党第十一次全国代表大会2021年1月13—15日在万象召开。大会审议通过的"十一大"报告总结评价了第十届中央委员会工作情况和"八五"计划执行情况,深入分析了当前国家发展面临的困难和存在的问题,对未来五年国家发展方略作了总体规划部署。作为一份展现党和国家现状、谋划国家未来发展的纲领性文件,报告对国内外一系列重大问题进行了深入思考,提出了解决应对的思路方针。报告体现出老挝人革党坚持实事求是思想和敢于直面问题困难的革命党品质。通过对报告的研究分析,本文认为,"十一大"报告维持了"十大"的总基调,今后将继续重视加强党的自身建设和基础设施建设,持续推进行政机构改革,不断深化经济领域改革,进一步强化武装力量建设、国防公安力量地位。同时,继续奉行合作共赢外交理念,积极开展全方位对冲式外交。

【关键词】老挝人革党 "十一大"报告 政策走向

【基金项目】云南省教育厅科学研究基金资助课题"老挝人革党十一召开情况及其未来政策走向研析"(2021J0649)。

【作者简介】韦健锋,云南民族大学南亚东南亚语言文化学院,讲师、博士。

诞生于1955年的老挝人民革命党(以下简称"老挝人革党")是老挝

人民民主共和国的执政党和唯一合法政党，1986年以来该党五年一度的全国代表大会是老挝党和国家发展壮大历程的标志性事件。大会审议通过的报告紧扣时代脉搏、准确把握时局，是呈现国家现状和谋划国家未来发展的纲领性文件，势必对国内外一系列重大问题进行深刻思考。2021年初召开的老挝人革党第十一次全国代表大会，是老挝在国内国际形势日趋复杂多变、经济社会发展面临诸多困难的背景下召开的一次盛会。对大会报告进行深入分析解读，对我们准确把握老挝的治国理政基本方略及其未来政策发展走向，具有一定的现实指导意义。

一　老挝人革党"十一大"基本情况

（一）与会代表情况

老挝人革党第十一次全国代表大会于2021年1月13—15日在首都万象市召开，全国党代表、第十届中央委员、书记处书记和特邀嘉宾出席大会。由于党员人数已从"十大"时的252879人增加到348686人（增长37.89%），本次大会代表人数也从"十大"的685人增加到768人（增长12.1%）。代表涵盖民族从27个增加到43个，平均年龄从57岁增加到59岁，最小年龄仍为35岁。其中，中央政治局委员和书记处书记14人（女1人），中央委员51人（女9人），省、直辖市、部委党委书记、副书记64人（女11人），省、直辖市、部委党委常委184人（女26人），省、直辖市、部委党委委员387人（女61人），基层党委书记、委员62人（女7人），普通党员6人（女1人）。①基层代表同比仅增加1人、占8.85%②，与中共"十九大"的33.7%相距较远。③

党代表结构是反映党内民主的一项重要参数，代表结构比例是否科学合理将直接影响党内民主的整体发展程度。随着党员数量的不断增长，党

---

① 《党的第十一次全国代表大会代表构成情况》（老挝文），老挝通讯社网站，2021年1月14日，http://kpl.gov.la/detail.aspx?id=57254，登录时间：2021年1月14日。
② 有关"十大"代表的数据，参阅：《党的第十次全国代表大会代表资格审查情况》（老挝文），老挝通讯社网站，2016年1月22日，http://kpl.gov.la/detail.aspx?id=9774，登录时间：2021年1月28日。
③ 《老挝人民革命党第十一次全国代表大会决议》（老挝文），老挝《人民报》2021年1月18日。

的全国代表大会代表的人数也相应增加，党员表达意见和建议的机会必然大大增多。[①]"十一大"正式代表和党员人数的快速增长表明老挝人革党党内民主的不断扩大。党员人数的快速增长本身也说明党的凝聚力在增强，少数民族代表和女性代表比例的提高则体现了党内民主的广泛性。但高级别干部比例高、基层代表比例过低不利于党内民主建设的不断推进，这是值得人革党高层重视的问题。这一方面表明基层党员履职能力和素质需要大力提升，另一方面也反映出党代表选举机制需要进一步健全完善。

（二）大会议程安排

根据"十大"党章规定，党的全国代表大会负有4项职权：1. 审议通过中央委员会政治报告和国家经济社会发展五年计划；2. 通过上一届中央委员会工作审查报告；3. 审议通过党的章程；4. 选举新一届中央委员会委员和候补委员。中央委员会第一次会议负有5项职权：1. 选举中央政治局委员；2. 选举中央委员会总书记；3. 选举中央书记处书记；4. 选举中央书记处常务书记；5. 选举中央检查委员会书记、副书记。[②]

1月13日上午的会议全程对外直播。在中组部部长占西·普西康（Chansy Phosikham）向大会报告"十一大"代表资格审查情况后，十届中央总书记本扬·沃拉吉（Bounnhang Vorachith）宣布大会正式开幕并致开幕辞，同时代表十届中央作《第十届中央委员会向第十一次全国代表大会作的政治报告》（简称"十一大"报告）。随后，政府总理通伦·西苏里（Thongloun Sisoulith）、中央检查委员会[③]书记本通·吉玛尼（Bounthong Chitmany）分别作《国民经济社会发展"八五"计划执行情况和"九五"计划草案报告》和《关于修改党章的报告》。此后两天半的会议为闭门会。其中，13日下午主要听取建国阵线中央副主席坎柏·丹拉（Khambai Damlath）关于大力推进爱国和生产运动取得卓越成就、乌多姆赛省委书记坎潘·培雅翁（Khamphan Pheuyavong）关于把该省建设成为区域发展的中

[①] 孟轲、张蕾：《从党代会代表构成看党内民主发展》，《理论探索》2014年第4期，第21页。
[②] 《老挝人民革命党章程》（老挝文）（老挝人民革命党第十次全国代表大会部分修改，2016年1月22日通过），万象：老挝人革党中央委员会印发，第25—26页。
[③] 相当于中国共产党的中央纪律检查委员会。

心、公共工程和交通运输部长万沙瓦·西潘敦（Viengsavath Siphandone）关于建设与东盟互联互通通道的发言，14日主要听取国家副主席潘坎·维帕万（Phankham Viphavanh）作《十届中央委员会工作审查报告》、中组部部长占西·普西康作《关于十一届中央委员会委员、候补委员资格条件和候选人名单的报告》并选举产生第十一届中央委员会①，之后举行十一届一中全会选举中央政治局、中央书记处、中央检查委员会和党的总书记，15日下午在宣布十一届中央领导集体名单后胜利闭幕。

（三）大会主要成果

在15日下午举行的新闻发布会上，"十一大"秘书长吉乔·凯坎皮吞（Kikeo Khaykhamphithun）通报了大会主要成果：一是对贯彻执行党的"十大"精神、向社会主义目标迈进取得的成果进行了客观评价，指出党自身存在的三大问题，总结出四大经验，提出未来五年的奋斗目标和方针路线。二是修改了党的章程，突出提高党员质量和锤炼党员队伍，增加了党员禁令的条数和决定成立党的各级纪律委员会。三是选举产生了由71名正式委员和10名候补委员组成的中央委员会，十一届一中全会选举了由13人组成的中央政治局和9人组成的中央书记处，选举通伦·西苏里为中央委员会总书记、本通·吉玛尼为中央书记处常务书记、坎潘·蓬马塔（Khamphanh Phommathat）为中央检查委员会书记。②

二 大会报告的主要内容

"十一大"报告全称"第十届中央委员会向第十一次全国代表大会作的政治报告"，除大会主题和引言外，报告正文共分为十个部分。

第一部分"党的十大决议执行情况总结评价和为迈向社会主义打下坚

---

① 《党的十一大第二天会议投票选举新一届中央委员会委员和候补委员》（老挝文），老挝国防部网站，2021年1月15日，http：//www.mod.gov.la/15012021.php，登录时间：2021年1月15日。
② 《老挝人民革命党第十一次全国代表大会成果》（老挝文），老挝通讯社网站，2021年1月15日，http：//kpl.gov.la/detail.aspx? id = 57299，登录时间：2021年1月15日。

实基础总体评估"分两个方面进行评价。在谈到执行"十大"决议①取得的 8 项成就时,报告把"确保了国家政治稳定和社会基本安定,保卫和巩固了国家的独立、主权和新制度"作为第一项加以强调。②其他 7 项成就包括:实现年均经济增长 5.8%、人均收入 2664 美元,各重大项目继续有力推进,过境贸易体系不断完善、过境运输能力提升,自然资源开发管理发生了积极变化,新技术被应用于服务社会,工业生产和金融服务现代化水平进一步提升;社会—文化事业长足发展,住房和医疗条件得到改善,农村卫生体系逐步完善,达到了摆脱欠发达国家状态要求的人力资源开发指数标准,完成了"十大"制定的贫困家庭率低于 10% 的脱贫攻坚目标;全民全面国防治安路线继续得有积极有效落实;继续调整政府机构,提升质量效率,各级行政管理透明度提升,进一步完善立法工作,为依法治国打下了坚实基础;党的群众工作得到有力落实,建国阵线、老兵协会等群团组织功能作用进一步发挥;同战略盟友的友好合作关系迈向新的高度,老越伟大友谊特殊传统全面合作关系继续深入发展、更富成效,老中传统战略伙伴关系提升为老中命运共同体,同俄罗斯联邦的关系不断增强,继续扩大同国际社会的合作;对党内和社会现状的认识高度统一,在解决党内和社会问题上逐步取得积极改变,党内民主得到发扬,党内智慧得到充分调动发挥。③报告指出执行"十大"决议存在的问题和不足涵盖了国防治安、经济、社会—文化、政权机构、党员干部队伍和群众工作 6 个方面。④在对经济领域的评价中,报告指出了取得的基本成就、需要解决的问题并总结得出的主要经验。

  第二部分"继续完善人民民主制度,为迈向社会主义目标构建全面、深刻、有力的转变"分为"坚持基本观点立场,牢牢把握新时期完善人民民主制度的紧迫需要"和"继续完善人民民主制度,为迈向社会主义目标构建全面、深刻、有力转变的基本方针"两个小节⑤,客观地指出了完善

---

① 即第十次全国代表大会通过的大会决议。
② 《第十届中央委员会对革命成果得到强有力保卫感到自豪》(老挝文),老挝通讯社网站,2021 年 1 月 13 日,http://kpl.gov.la/detail.aspx?id=57211,登录时间:2021 年 1 月 13 日。
③ 《老挝人民革命党第十一次全国代表大会报告》(老挝文),万象:老挝人革党中央委员会印发,2021 年 1 月,第 2—5 页。
④ 《老挝人民革命党第十一次全国代表大会报告》(老挝文),第 5—8 页。
⑤ 《老挝人民革命党第十一次全国代表大会报告》(老挝文),第 12—14 页。

人民民主制度取得的成就和面临的问题，科学制定了未来要坚持和努力的基本方略。

第三部分"发挥一切潜力优势，建立强大的生产和服务基地，确保可持续自主发展"分为"积极开发潜在优势形成尖端经济产业""促进国内企业发展壮大""改善政府财政状况，强化货币管理""实现吸引国内外投资的根本、有力转变""继续有重点地推进农村地区基础设施和公用事业建设""有效管理和推进城市建设""加强环境保护，解决环保问题"7个小节。①

第四部分"大力开发人力资源，构建人民当家做主、民主平等公正的社会"分为"开发人力资源提升国民素质，满足新时期国家发展需要""提高人民当家做主水平，构建民主平等公正的社会""发挥民族特有文化价值，不断促进社会精神文明发展"3个小节。②

第五部分"提高保卫主权和维护政治稳定、社会安定的能力"，对国内国际安全形势进行了预判，分7点明确了相关应对措施。③

第六部分"改进政权组织体系和活动机制，建立强大高效的政府"强调重点解决职能重复、机构臃肿、职责不清的问题，通过办公设备现代化实现各环节联通，达到精减人员、提高效率的目的。具体举措包括：1. 提升国会的职能作用和工作效率，发挥国会、省级议会对本级选举产生或审批任命官员的监管职能；2. 改革政府机构，减少部委及其内设机构和省属各厅级机构，压缩公务员队伍，一些技术部门要从政府机构剥离，实行权力下放地方，开展基层政权改革研究；3. 加强对重点部门的审计；4. 实现司法透明；5. 各级党政群团组织要加大法制宣传教育；6. 提升国家机关同社会各界的联系。④

第七部分"党的统战工作和群众工作"强调要改进建国阵线和其他群团组织的组织形式，推动它们积极开展同各国的公共外交，坚决取缔那些打着民主、人权、宗教自由旗号而成立的非法组织。⑤

第八部分"积极主动开展对外交往，为国家发展创造有利条件和带来

---

① 《老挝人民革命党第十一次全国代表大会报告》（老挝文），第17—26页。
② 《老挝人民革命党第十一次全国代表大会报告》（老挝文），第26—29页。
③ 《老挝人民革命党第十一次全国代表大会报告》（老挝文），第29—30页。
④ 《老挝人民革命党第十一次全国代表大会报告》（老挝文），第30—33页。
⑤ 《老挝人民革命党第十一次全国代表大会报告》（老挝文），第33—34页。

实在利益",表示将继续奉行和平、独立、友好、合作、发展的外交路线,在相互尊重独立主权和互利互惠基础上开展政府间、政党间全方位、多层次、立体化外交,并以预防性外交为重要方针。①

第九部分"坚决解决党内存在的问题和不足,确保各级组织发挥坚强领导作用"分为"坚持党关于实现思维新转变的基本观点立场,提高政治思想工作和理论工作质量""继续发展壮大各级党组织和提高党员质量""传达贯彻党的各项决议要做到党中央集中统一领导与发挥各级党委积极性、创造性紧密结合"和"加强监督检查,坚决解决党内消极不良现象"4 个小节。②

第十部分"实现干部工作的深刻有力转变"包括"制定和实施系统的干部培养使用方案""改进干部选拔任用制度""积极合理改进干部福利政策"和"严格落实干部监管和查处制度"4 个小节。③

三　大会报告的思想内涵

(一) 勇于直面问题与困难

"每个时代总有属于它自己的问题,准确把握并解决这些问题,就会把理论、思想和人类社会大大地向前推进一步。"④ 马克思主义政党从来不畏惧问题和困难,具有强烈的问题意识和敢于面对问题与困难的勇气是马克思主义政党自我成长中的应有之义。古人云:"唯以改过为能,不以无过为贵。"有正视问题的自觉,才能发现不足、找到短板;有刀刃向内的勇气,才能解决问题、不断进步。⑤ 正确认识问题是感知与揭示事物本质规律的开始,更是有效解决一系列矛盾问题的前提。⑥ 敢于正视问题才能科学解决问题。正是基于对问题实质的上述认识,老挝人革党中央政治局

---

① 《老挝人民革命党第十一次全国代表大会报告》(老挝文),第 34—35 页。
② 《老挝人民革命党第十一次全国代表大会报告》(老挝文),第 35—38 页。
③ 《老挝人民革命党第十一次全国代表大会报告》(老挝文),第 38—40 页。
④ 罗志荣:《问题、问题意识与问题导向》,《企业文明》2014 年第 11 期,第 42 页。
⑤ 人民日报评论部:《正视问题的自觉 刀刃向内的勇气》,人民网,2019 年 7 月 11 日,http://opinion.people.com.cn/n1/2019/0711/c1003-31226544.html,登录时间:2021 年 1 月 16 日。
⑥ 朱康有:《论治国理政中"问题意识"的培养》,《前进》2020 年第 10 期,第 16 页。

明确要求，大会报告要全方位研究实际情况，"直面问题、直奔主题"①。

"十一大"报告落实了这一要求，从6个方面对执行"十大"决议存在问题与不足进行了列举：国防治安方面，"发动宣传群众不够，制止公民非法移居和解决社会消极不良现象效果不够好，对网络传媒的管理力度有限"。经济方面，"解决财政货币问题特别是公共债务问题不力""（项目）审批和管理上的拖沓推诿没有得到多少解决""国内多数企业软弱无力""'十大'制定的许多经济社会发展计划（2016—2020）大指标没有完成"。社会文化方面，"教学质量没有提升，偏远地区和低收入人群医疗卫生保障不力"。政权体系方面，"机构和职能重复广泛存在，分级管理、权力下放不到位，等待观望、推诿扯皮、（机构）交叉重叠等过去讲了很多的老问题依然存在"。党员干部队伍方面，"干部、党员的政治本质、革命品质和革命意志退化是一个令党和社会担心的问题""不少干部党员没有积极主动履职，为集体利益牺牲的精神不高，不敢与错误倾向和现象作斗争""许多党委没有重视干部的选拔任用"。群众工作方面，"发动宣传群众的内容和形式不多，党的群团组织活动没有摆脱政府行政管理的模式"。② 报告还指出，"党内落实民主的机制不成体系，对党的决议命令的理解不到位""领导干部对新形势的变化不敏感，重形式，领导内容与实际问题不符""不少人僵化不变……不少干部、党员不受思想和纪律约束"。③ 在指出党员、干部存在问题时数次使用"不少""许多"等语气较重的词语，体现了老挝人革党直面问题、刀刃向内的责任担当。

（二）坚持实事求是思想

老挝人革党四届八中全会决议和党的"十大"决议强调指出："坚持马列主义是党的原则性问题，要忠诚于马列主义，牢牢把握其本质和科学内涵，创造性地把它运用到我国的实际中。"④ 实事求是是马列主义的根本

---

① 《关于筹备和召开党的十一大的第61号决议》（老挝文），万象：老挝人革党中央政治局印发，2019年1月29日。
② 《老挝人民革命党第十一次全国代表大会报告》（老挝文），万象：老挝人革党中央委员会印发，2021年1月，第7—8页。
③ 《老挝人民革命党第十一次全国代表大会报告》（老挝文），第8页。
④ 波万·威拉萨：《老挝人民革命党坚持把马列主义和凯山·丰威汉思想作为党的思想理论的基础》（老挝文），老挝《人民报》2021年1月18日。

观点。"马克思、恩格斯没有直接用过'实事求是'这个词汇,但他们创立的辩证唯物主义和历史唯物主义,突出强调的就是实事求是。"① 作为马克思主义政党,坚持实事求是是老挝人革党保持先进性、确保永立时代潮头的必然要求。事实上,实事求是不仅是马克思主义中国化理论成果的精髓,同样也是马克思主义老挝化理论成果的精髓。

"十一大"报告起草和修订过程中,人革党中央政治局、书记处和十届九中、十中全会均作出指示,要求内容筹备组和中央委员、各意见征求对象对报告中关于十届中央取得的成就和存在问题进行客观评价。报告明确提出,"党制定的一切政策计划要能够清晰反映各时期的实际情况,符合国家发展目标和人民利益,并充分考虑贯彻执行的能力"。② 与前几次大会相比,"十一大"报告评价成就着墨更少,指出问题着笔更多而且语气更为严厉,体现出了作风更实的实事求是精神。报告指出的老挝国家潜力优势主要包括人口年轻化、地理区位优势明显、自然资源丰富、国家政治稳定社会安定和"不能把所有问题都归因于新冠肺炎疫情"的评价,同样是中肯的、客观的。

(三) 重视加强党的建设

人革党是老挝最高政治领导力量,面对日益复杂的新形势,必须毫不动摇坚持和完善党的领导,坚定不移把党建设得更加坚强有力。老挝人革党关于党的建设思想主要包括党的思想建设、政治建设、组织建设、作风建设③,其"九大""十大"均强调了加强党的建设的重要性④。"十一大"报告继续突出党建主题,并用两个部分(第九、第十部分)专门加以阐述,而第二、第六部分也有不少篇幅涉及党建内容。

---

① 习近平:《坚持实事求是的思想路线》,《学习时报》2012年5月28日。
② 《老挝人民革命党第十一次全国代表大会宣传报道》(老挝语),老挝国家广播电台,2021年1月15日19时30分报道。
③ 陈瑞语:《建国以来老挝人民革命党对老挝社会主义道路的探索研究》,2016年广西民族大学硕士学位论文,第34页。
④ 可参阅韦健锋《权力斗争下的民主——老挝人革党九大述评》(载内部刊物《南亚与东南亚研究》2011年第2期,第78—86页);方文:《老挝人民革命党第十次全国代表大会述评》(载《学术探索》2016年第3期,第26—30页);王璐瑶:《老挝人民革命党十大规划党和国家未来发展》(载《当代世界》2016年第3期,第44—46页)。

报告确定的今后党建工作重点包括：一是坚持党关于实现思维创新的基本观点立场，坚持凯山·丰威汉思想，学习兄弟国家的社会主义建设经验，提高政治思想工作和理论工作水平。二是通过改进党支部领导内容、提高党委和党支部组织生活质量、加强党纪管理，继续发展壮大各级党组织和提高党员质量。三是传达贯彻党的各项决议时要在党中央集中统一领导和发挥各级党委积极性、主动性、创造性紧密结合上下工夫，确保中央政治局和书记处发挥团结一致和集体决策的核心作用。四是加强党内监督检查，坚决杜绝党内不良现象，主要是调整完善中央和各级党委组织机构和运行机制，加强党的纪检机关，使之成为严格党内纪律的重要工具，同时开展对广大党员和各级党组织党性、先进性的检查评价。五是制定和实施系统的干部培养使用考核方案，改进干部选拔任用制度，严格落实干部监管和查处制度，推动干部工作深刻变革。六是调整机构和人员，改进领导作风，完善人民民主政治制度。①

（四）强化国防治安工作

党对武装力量的绝对领导是事关党的生死存亡和能否继续执政的根本性问题，武装力量的强弱事关政权的稳定。"十一大"报告在肯定五年来国家实现了政治稳定和社会安定的同时也指出，国际形势的风云变幻、敌对势力的阴谋破坏、各类刑事犯罪活动、经济社会发展的负面影响、政府管理和社会治理中的漏洞、自然灾害等，可能给老挝国内政治稳定、社会安定以及国家的独立和领土完整带来风险。

为此，大会报告把"提高保卫主权和维护政治稳定、社会安定的能力"作为第五部分的标题，并从7个方面阐述了加强国防治安工作的方法措施。这些方法措施包括：1. 加强党对军队的绝对、直接、全面领导，实施维护政治稳定战略，改革完善党的全民全面国防治安体系，加强爱国思想教育。2. 积极改革武装力量建设，使之不断发展壮大。3. 建立部分必要的国防工业基础。4. 广泛深入开展国防治安教育。5. 开展战略战役研究，组织军事训练，提高各军兵种技战术水平。6. 结合发展村集②建设和

---

① 《老挝人民革命党第十一次全国代表大会报告》（老挝文），万象：老挝人革党中央委员会印发，2021年1月，第35—38页。

② 是指将邻近几个村组织起来共同生产某种产品或统一种植某种作物，以实现规模化发展。

"三建"① 工作,继续开展深入基层政治建设活动。7. 系统、有效解决社会毒瘤问题,打击毒品生产运输,做好戒毒工作,加强交通治安管理。②

(五) 坚持合作共赢外交理念

老挝第一代最高领导人凯山·丰威汉在建国前夕向全国人民代表大会宣读的政治报告中指出,"老挝奉行和平、独立、友好和不结盟的外交政策"。③ 经过 20 世纪 80 年代的两次调整,到 1991 年老挝决定"实行和平独立友好合作的外交政策,在和平共处五项原则基础上发展同世界各国的合作与关系"④。从"五大"到"十大",老挝人革党均强调继续实行和平独立友好合作的外交政策,在和平共处基础上发展同国际社会的全方位、多模式外交,实现政治、外交关系与经济合作关系的结合。⑤ 例如"十大"指出,老挝"继续坚持和平、独立、友好、合作的外交路线,在相互尊重独立、主权和互利共赢原则基础上开展全方位、宽领域、多层次的对外合作"⑥。

"十一大"报告保持了"十大"的外交路线基调,表示将以预防性外交为重要方针,继续奉行和平、独立、友好、合作与发展的外交路线,在相互尊重主权独立和互利互惠基础上开展政府间、政党间全方位、宽领域、多层次的外交。同时强调,外交工作要进行集中统一管理,并与国防治安、经济社会发展和解决群众脱贫问题相结合。可以说,合作与共赢是 30 年来老挝一直奉行的外交理念。在以"积极主动发展对外关系,为国家发展创造便利条件和带来实际利益"为主题的报告第 8 部分,这种外交理念得到进一步彰显。除提到深化同越南、中国的关系外,报告首次提到加强同俄罗斯的合作关系。

通过上述分析解读和对比研究发现,"十一大"报告的思想内涵与

---

① 是指"把省建设成为战略单位,把县建设成为全面坚强单位,把村建设成为发展单位"。
② 《老挝人民革命党第十一次全国代表大会报告》(老挝文),万象:老挝人革党中央委员会印发,2021 年 1 月,第 29—30 页。
③ 凯山·丰威汉:《在 1975 年 12 月 1 日全国人民代表大会上的报告》(老挝文),《凯山·丰威汉文选》(第 1 卷),万象:老挝国家出版社,1985 年,第 262 页。
④ 《老挝人民民主共和国宪法》(老挝文)第 12 条,万象:老挝国会,1991 年,第 5 页。
⑤ 《外交工作成效卓著》(老挝文),老挝《人民报》2015 年 9 月 16 日。
⑥ 王璐瑶:《老挝人民革命党十大规划党和国家未来发展》,《当代世界》2016 年第 3 期,第 46 页。

"十大"有许多共通之处，可以说是基本保持了"十大"的总基调。对两次大会主题和内容结构作进一步对比能够更好地说明这一点。

老挝人革党全国党代会报告是新一届党中央谋划今后五年国家发展的纲领性文件，是该届中央未来施政理念的集中体现，报告确定的大会主题对报告全文起到提纲挈领的作用，反映报告的思想精髓，"是十一届中央整个任期都要贯彻落实的内容"。[①]"十一大"的主题是"提高党的领导能力，增进国内人民团结，确保政治坚强稳定，深入推进革新路线，实现经济社会向新的高质量发展有力转变，提高人民生活水平，继续带领国家摆脱欠发达状态和向社会主义目标迈进"[②]。与"十大"比较，两次大会主题[③]都使用了"提高""党的领导能力""增进""人民团结""革新路线""社会主义目标"等词，而这些词可以说都是大会主题的关键词和大会报告的主题词，大会主题的内容表达虽有差别，但总体内涵"同"大于"异"。

"十一大"报告的十个主体部分与"十大"报告也有诸多相似之处，如总结评价上届大会决议执行情况、为迈向社会主义目标打下坚实基础、加强政府建设、加大人力资源开发、积极开展对外交往、加强党的建设、加强国防治安力量建设，都是两个报告均强调的主要内容。仔细梳理不难发现，"十一大"报告与"十大"报告各部分有以下对应关系：一是内容上有共同方面，如"十一大"报告第一部分和"十大"报告第一部分都对上一届中央委员会任期内国家各领域取得的成就进行了总结评价。二是内容涉及范围大致相当，如"十一大"报告第二、第六部分和"十大"报告第五部分都是关于政府机构改革、完善人民民主制度方面的内容。"十一大"报告和"十大"报告的第三、第四、第八部分，以及前者的第七部分与后者的第六部分，前者的第九、第十部分和后者的第十部分所涉及的方面也基本相同。三是内容上存在包含关系，如"十一大"报告第五部分所

---

① 《老挝人民革命党第十一次全国代表大会宣传报道》（老挝语），老挝国家广播电台，2021年1月19日7时30分报道。
② 《老挝人民革命党第十一次全国代表大会隆重召开》（老挝文），老挝《人民报》2021年1月14日。
③ "十大"的大会主题是"提高党的领导能力及其先进性，增进全国人民大团结，坚持有原则的全面革新路线，坚持可持续发展方针，保卫和建设祖国，向社会主义目标坚实迈进"。见《老挝人民革命党第十次全国代表大会报告》（老挝文），万象：老挝人革党中央委员会印发，2016年1月，第1页。

提到的 7 项内容在"十大"报告的第七部分均有所提及，而后者还多了对公民的国防教育和武装力量领导干部的培养两项内容。用数学符号表示如下（"∩"表示内容有交集，"∽"表示内容相似，"⊂"表示前者内容是后者中的一部分）：第一部分—第一部分（A∩B），第二、第六部分—第五部分（A∽B），第三部分—第三部分（A∽B），第四部分—第四部分（A∽B），第五部分—第七部分（B⊂A），第七部分—第六部分（A∽B），第八部分—第八部分（A∽B），第九、第十部分—第九部分（A∽B）。尽管具体内容和表述不同，但反映的主旨是相同或基本相同的。因此，我们认为"十一大"报告维持了"十大"报告的总基调。

与"十大"报告相比，"十一大"报告在坚持总基调不变的情况下也有一些明显的变化。一是总结成就着墨较少，剖析问题更加深刻且语气更为犀利，体现出了鲜明的问题导向和自我革新的坚定决心。二是更加突出党的建设和武装力量建设，表明党和军警系统在未来的人事调整中将得到进一步的重视。三是报告首次提到俄罗斯，并且在涉及外交工作的内容中每次均与越南和中国同时被提及，似乎预示着未来老挝将在减少对越、对华依赖上做更多的外交尝试。

四　从大会报告看老挝未来政策走向

从上述对老挝人革党"十一大"报告内容及其内涵的论述中，可以隐约看到新一届中央领导集体的未来施政方针蕴含其间。结合对老挝党情国情的了解，笔者对未来老挝内外政策走向作如下研判：

一是继续加强党的自身建设。加强自身建设是马克思主义政党的永恒课题。党的建设包括政治建设、思想建设、组织建设、作风建设、纪律建设五个方面，在实际操作中老挝把政治建设和思想建设合并成一项进行。"十一大"报告总结十届中央工作经验时指出，"为提高党的领导能力和领导质量，要同时解决好两方面的问题：一是确保政治方向正确、政治任务切实可行，二是解决好组织人事和领导干部作风纪律问题"。[①] 这也为党建工作指明了方向。今后，老挝人革党将"坚持把马列主义和凯山·丰威汉

[①] 《老挝人民革命党第十一次全国代表大会决议》（老挝文），老挝《人民报》2021 年 1 月 18 日。

思想作为党的思想理论的基础"①，进一步加强党内政治思想教育，健全完善民主集中制，加强基层党组织建设和干部、党员队伍建设。这正是报告第九、第十部分的重要内容。

党章是党的最高的行为规范。从党章修改情况可以看出，加强党员干部监督管理和查处问责将是今后老挝党建工作的重点。"十一大"对党章中涉及党员标准、入党条件、发展党员程序和党员权利义务的条款作了修改，新增"预备党员入党誓词"的条款，并把原来关于党员的禁令从9条增加到15条，加强党员干部管理的意图十分明显。新党章还修改了党的全国代表大会，省直辖市、县（市）党的代表大会的职责任务，明确党的检查委员会由本级党的代表大会选举产生，"这样规定是为了进一步提高纪检工作的重要性和明确各级检查委员会的职责"②。值得注意的是，新党章明确要设立"各级党组织的纪律委员会"，目前尚不清楚该机构与党的检查委员会（相当于我党的纪委）的具体差别，但从其"以便与法律相一致"和"避免在实际执行过程中有困难"③两项初衷来看，纪律委员会的职能可能相当于我国的监察委员会。

二是持续推进行政机构改革。引发老挝行政机构改革的直接原因是本国行政环境的变化。1986年开始实施革新开放以来，老挝不断进行国家行政管理体制机制改革调整，但直到目前行政机构设置不合理、职能界限模糊、用人机制不健全、行政方法单一、技术手段落后、行政效率低下的情况仍较为突出。"政府和司法领域存在的机构、人员交叉重叠问题未得到解决，上下之间、横向之间的分级管理不明确，中央部门之间、中央和地方之间的协作不融洽，'中梗阻'较多，按照'三建'方针进行分级管理未出现积极转变，精简机构成效不佳，机构重叠，一站式服务落实不好。"④

为此，报告第六部分提出要"改进国家机关的组织体系和活动机制，建立强大高效的政府"，重点解决机构臃肿、职能重复、职责不清的问题，

---

① 波万·威拉萨：《老挝人民革命党坚持把马列主义和凯山·丰威汉思想作为党的思想理论的基础》（老挝文），老挝《人民报》2021年1月18日。
② 本通·吉玛尼：《向党的第十一次全国代表大会作关于修改党章的报告》（老挝语），老挝国家广播电台，2021年1月13日08：00—12：00现场语音直播。
③ 本通·吉玛尼：《向党的第十一次全国代表大会作关于修改党章的报告》（老挝语）。
④ 《向党的第十一次全国代表大会报告"八五"计划执行情况和"九五"计划草案》（老挝文），老挝《人民报》2021年1月15日。

通过办公现代化实现各部门、各环节协调联动，达到精减人员、提高效率的目的。报告明确提出，要"改革政府机构，减少部委、部内各局、省属各厅级机构，压缩公务员队伍"①。一些技术部门将从政府机构剥离。经济社会发展"九五"计划也把"提高政府行政管理效率、实现社会公平公正"作为未来五年的六大发展目标之一②，以实现中央机关现有局、处数量减少20%和地方政府处、科、室数量减少30%的具体目标。③

三是不断深化经济领域改革。在向"十一大"作的《国民经济社会发展"八五"计划执行情况和"九五"计划草案报告》中，通伦·西苏里总理指出了当前老挝经济发展面临的问题和困难：第一，财政货币困难和公共债务问题得不到有力解决。财政收入未完成预定计划，政府预算赤字高并不断累积，弥补赤字主要依赖向国外借贷，货币稳定性差，某些时期（2017年）外汇储备低于计划水平。第二，缺乏良好的营商环境。改善营商环境缺乏法律依据和突破性机制，审批迟缓、权责不清、多头管理成为招商引资的直接阻碍。第三，国内企业经营困难。鼓励中小和小微企业发展的具体措施落实不力、不见成效，多数企业比较弱小、缺乏生产基地和稳定的市场，多数国有企业亏损经营、债务缠身。④

与此同时，"九五"计划提出了经济年均增长4%、国内生产总值达到1057.689万亿基普（约合1139.1亿美元）、人均收入2887美元、财政收入160万亿基普（占国内生产总值的15.3%）、预算赤字控制在21万亿左右（或约占国内生产总值的2%）、通货膨胀平均不超过6%等目标。⑤ 要解决上述问题和实现上述目标，必然要实施一系列经济改革举措，如深化财税体制改革、加快金融体制改革、推进国有企业改革等。报告已明确：将继续对金融领域进行全面改革，出台稳定金融的法律法规，完善解决财政困难的机制和措施，继续完善国内企业发展战略和措施，改革完善国有

---

① 《老挝人民革命党第十一次全国代表大会报告》（老挝文），万象：老挝人革党中央委员会印发，2021年1月，第31页。
② 本典·占塔翁：《政府将控制好国家经济避免陷入危机》，老挝通讯社网站，2021年1月14日，https://lnr.org.la/ວາງຕະບຽນຮະບົບຸກປະຄອງຂວາ/，登录时间：2021年1月14日。
③ 《向党的第十一次全国代表大会报告"八五"计划执行情况和"九五"计划草案》（老挝文），老挝《人民报》2021年1月21日。
④ 《向党的第十一次全国代表大会报告"八五"计划执行情况和"九五"计划草案》（老挝文），老挝《人民报》2021年1月15日。
⑤ 《向党的第十一次全国代表大会报告"八五"计划执行情况和"九五"计划草案》（老挝文），老挝《人民报》2021年1月19日。

企业和混合企业收支管理机制，按照行业、领域、规模、区域改革经济结构。

四是继续加大基础设施建设。充分利用地理因素提升地缘战略价值和促进国家战略利益的实现，是地缘政治学的要旨所在。[①] 老挝地处中南半岛中心，变"陆锁国为陆联国"的提出和"一带一路"倡议的实施，使老挝的地理区位优势更加凸显，但基础设施建设滞后严重制约着国家的发展和互联互通的推进。近年来老挝高度重视基础设施建设，以多种形式不断加大基建投入力度，不仅实现了县县通柏油公路，国内首条高速公路也已建成通车，首条高铁将于年底正式开通。在规划未来五年发展时，人革党"十一大"继续高度重视基础设施建设，以设施联通和贸易畅通为着眼点，提出了"建设强大的基础设施并实现高效长久使用"和"发挥区位优势，实现互联互通"的总目标，确定了4项重点任务和119个工程项目。

"九五"计划明确了交通、贸易、通信、电网联通的具体目标，包括按照东盟技术标准提升、恢复位于各经济走廊上的陆路交通基础设施，建成中老铁路和老泰铁路，完成万象—他曲—永安港（Vung Ang）[②] 铁路勘察设计工作，开发建成4个国际机场，实现每个边境省份至少有1个国际口岸，开发建设湄公河、恒阿亨河（Nam Hueng）水路基础设施，开发永安港以实现海上运输，完成大湄公河次区域（GSM）经济走廊上4个城市的开发；推进互联互通基础设施和现代物流技术建设，实现商品流通额年均增长10%—12%，旅客和货运总量年均增长8%，与域内各国互联互通旅客和商品量年均增长7%，到2025年商品联通率（国家开放率）占国内生产总值的70%；推进现代信息通信技术基础设施建设，实现全国各县都能接入高速互联网、3G网络全覆盖、4G网络覆盖90%、5G网络覆盖50%；改造升级南北电网，实现与周边国家的电网并网，等等。[③] 需要指出的是，由于政府财政吃紧，上述基础设施建设将主要依靠民间和外国投资，采取BOT或PPP模式实施，而在PPP模式中政府又主要以土地出资、资源抵偿、出让一定年限的税权为入股模式。

---

① 韦健锋：《中老铁路与老挝地缘战略价值的提升》，《东南亚南亚研究》2017年第4期，第16页。
② 位于越南河静省，是越南向老挝无偿提供的出海港口。
③ 《向党的第十一次全国代表大会报告"八五"计划执行情况和"九五"计划草案》（老挝文），老挝《人民报》2021年1月19日、20日。

五是更加重视人力资源开发。人才匮乏和劳动力技能低下是制约老挝高效服务型政府建设和高技术企业发展的瓶颈。老挝历届中央领导集体高度重视人才培养和人力资源开发，但由于国民整体素质、民族性格、教育资源等多种因素的影响，人力资源现状难以满足国家快速发展的需要。鉴于此，"九五"计划把"聚焦人力资源开发质量，使之成为经济社会发展和农村发展、农民脱贫的推动因素"作为 2021—2025 年国民经济社会发展的总方针任务之一，把"人力资源质量提升，能够满足发展需要，能够研究并应用科学技术提高生产效率和生产服务附加值"作为六大发展目标的第 2 个目标。① 同时提出以下具体奋斗目标：

（1）改进医疗卫生和膳食营养服务体系。到 2025 年 5 岁以下儿童入学率达到 86%、疫苗接种率达到 95%。

（2）提高各层次教育质量，达到与地区和国际接轨所需的教育水平。实现小学升学率达 95%，初四（初中毕业班）入学率超过 74%，高三学生语文达标率达 50%、数学达标率达 30%，完成各类职业教育培训 8 万人。

（3）培训劳工提升技能，实现劳工职业多样化、劳动技能好、组织纪律性强、工作稳定、收入增高。失业率从 2020 年的 20% 每年降低一个百分点至 15%，劳动人口增加到 257 万人，新增劳动力 392197 人。

（4）鼓励科技创新和科研成果转化以推动经济社会发展。争取每 1 万人中有科研人员 8.5 名，到 2025 年培养出科研领域硕士、博士 160 人，科研投入占到政府每年投资预算的 1%②，其中与绿色增长和可持续发展相关的占 30%。③

"十一大"报告中相关内容的篇幅比重能够更好地说明老挝对人力资源开发的重视程度。报告用两个部分（第四和第十部分）来阐述人力资源开发和干部培养选拔任用管理，强调加大对公民综合素养的提升和领导干部的培养选拔以满足新时期国家发展需要。

六是提高国防公安力量的地位。老挝国家武装力量实力可能难以抵御

---

① 《向党的第十一次全国代表大会报告"八五"计划执行情况和"九五"计划草案》（老挝文），老挝《人民报》2021 年 1 月 19 日。

② 原文应有误，可能指占到国内生产总值的 1%，或占到政府每年投资预算的 10%。

③ 《向党的第十一次全国代表大会报告"八五"计划执行情况和"九五"计划草案》（老挝文），老挝《人民报》2021 年 1 月 20 日。

外敌的大规模入侵，但在维护边境地区安全和保障国家政治稳定、社会安定上却有着极其重要的作用。在国内国际形势日趋复杂，国家面临经济、财政、债务、治安、就业等压力加大的背景下，加强国防公安力量建设、提升官兵地位待遇是必要的。此前老挝四位最高领导人都在军中任过要职，除本扬·沃拉吉担任军区政委之外，其他三人均实际掌管军队多年，武装力量拥护支持是他们顺利施政的有力保障。通伦·西苏里是目前为止唯一没有军方经历的老挝人革党总书记，作风硬朗的他要想在党内树立绝对权威，首先要获得武装力量的支持，这就需要他在未来的执政过程中更加重视武装力量建设、改善部队条件、提拔使用军方和警方官员。

在 2020 年建国 45 周年阅兵仪式上，时任总理通伦和本扬总书记一起在主席台上检阅了部队，这极为罕见，委婉地表达了通伦需要军方支持以及重视军队的姿态。尽管参加"十一大"的武装力量代表从上一届的 102 人减少到 71 人，但进入新一届中央委员会的军方和警方人员却分别增加了 1 名，其中军队系统新增 1 名正式委员，公安系统新增 1 名候补委员。尤为引人注目的是，原国防部副部长兼总政主任、现任公安部部长维莱·拉坎丰（Vilay Lakhamfong）当选为中央政治局委员，这是公安部部长首次进入中央政治局。

七是奉行对冲式全方位外交。"对冲"一词在国际政治中的内涵，国内外学者有相似而不尽相同的论述。① 笔者倾向于采用澳大利亚学者吴翠玲（Evelyn Goh）的定义——"对冲是国家无法在制衡、追随或中立等更加直接的替代性战略中做出决议时而选择的旨在规避这种情形的一组策略"。② 为适应不断变化的地区形势，越来越多的亚太国家选择对冲战略作为减少风险、扩大战略空间的保险策略。③ 从日、韩、澳、印到东南亚各国，几乎所有中国的邻国都或多或少地采取了对冲行为。④ 美国学者沈大

---

① 参阅杨美姣《后冷战时期对冲战略探究：以菲律宾、马来西亚和老挝为例》，《国际政治研究》2020 年第 6 期，第 105—126 页；王栋《国际关系中的对冲行为研究——以亚太国家为例》，《世界经济与政治》2018 年第 10 期，第 21—49 页；吴向荣《对冲视角下的欧盟南海政策》，《南洋问题研究》2020 年第 3 期，第 82—94 页。

② Evelyn Goh, "Meeting the China Challenge: the U. S. in Southeast Asian Regional Security Strategies", *Policy Studies*, No. 16, 2005, East – West Center, p. viii.

③ 王栋：《国际关系中的对冲行为研究——以亚太国家为例》，《世界经济与政治》2018 年第 10 期，第 22 页。

④ Robert A. Manning & James J. Przystup, "Asia's Transition Diplomacy: Hedging Against Futureshock", *Global Politics and Strategy*, Volume 41, 1999, Issue 3, pp. 43 – 46.

伟（David Shambaugh）依据同中美两国关系的紧密程度把东盟十国分为6类，老挝和缅甸一起被划为第二类"被动依附者"。① 事实上，老挝在当代国际关系中并不像沈大伟所说的那样"被动"，而是享有完全独立的、选择余地较多的自主决策权，并且选择余地越来越多。对冲战略便是其中之一，而"对冲"当中又包含一系列可供选择的策略。

"十一大"报告提出要"确保积极自主外交活动，坚持抵抗一切形式的外来干涉，积极参与和平解决地区和国际争端的进程，并以预防性外交为主"。② 老挝所说的预防性外交，其本质正是对冲战略。"九五"计划6项总方针的最后一项明确表示，老挝将在互利原则基础上加强同各友好国家、发展伙伴的全方位、宽领域、多层次合作，积极广泛参与地区和国际互联互通和一体化进程。③ 有着10年副总理兼外长任职经历的通伦·西苏里深谙外交之道，相信他执政期间老挝在推行全方位外交路线时，对冲策略会运用得更加游刃有余。老挝人革党"五大"以来的历次大会报告涉及对外关系内容时均只提及越南和中国两个国家，"十一大"报告首次把俄罗斯列入其中，并且每次都按照越、中、俄的顺序同时提及三国，老挝以俄罗斯对冲越南、中国影响的意图可见一斑。

五　中国的因应之策

以上通过对老挝人革党"十一大"报告内容与内涵的分析探讨，较为深入地研判了老挝未来政策的走向与趋势，目的是在准确把握老挝人革党施政方针策略基础上制定行之有效的对策，以更好地推动中老双边关系不断向前发展，推进中老命运共同体建设走深走实，进而为构建人类命运共同体提供可借鉴可推广的鲜活样板。前述指出，"十一大"报告基本保持了"十大"的总体基调，但这并不意味着我们可以墨守成规，以一成不变

---

① David Shambaugh, "U. S. – China Rivalry in Southeast Asian Power Shift or Competitive Coexistene?" *International Security*, Vol. 42, No. 4, Spring 2018, pp. 85 – 127. 转引自张伟玉、王丽《国际信誉、国家实力与东南亚战略选择》，《国际政治科学》2021年第1期，第59页。

② 《老挝人民革命党第十一次全国代表大会报告》（老挝文），万象：老挝人革党中央委员会印发，2021年1月，第34页。

③ 《向党的第十一次全国代表大会报告"八五"计划执行情况和"九五"计划草案》（老挝文），老挝《人民报》2021年1月19日。

的政策来维系和发展中老传统友好关系。相反，我们应当迅速行动，尽快出台有针对性的因应举措，以各领域最富成果的双边合作服务于中老关系和地区和平与发展大局。

第一，进一步深化党建经验交流合作。坚持理论交流与实务交流相结合，在举办中老两党理论研讨会、开展《习近平谈治国理政》等外译外宣活动、为老方举办中高层领导研修班的基础上，开展更加具体的、更广泛的党建业务交流培训，如为老挝基层党务干部举办以监督执纪"四种形态"、巡视巡察、民主生活会、支部规范化建设、基层政权建设、"三会一课"等为主题的党建示范培训班，帮助老挝切实提高党员教育管理质量，促进党员发挥先进性和先锋模范作用。同时，抓住老方成立各级纪律委员会的契机，推进两党纪委监委业务交流合作。

第二，紧紧围绕大政方针参与老挝国家建设。结合老挝推进行政机构改革、深化经济领域改革、加大基础设施建设等现实需求，发挥我国在这些领域的优势和经验，有针对性、有重点地参与老挝国家建设。根据大会明确的今后人革党重点做好的三个方面工作①和致力于解决好的七大紧迫问题②，结合"九五"计划制定的 6 大目标 25 项重点任务③，鼓励中方机构重点参与中老铁路经济走廊沿线开发、区域发展规划设计、交通物流设施升级改造、国企改革、中小企业发展、劳工技能培训、生态旅游、绿色农业、农产品加工、手工艺品生产加工、经济特区开发、产业园区建设、

---

① 这三个方面工作是：1. 继续做好摆脱欠发达国家行列的准备，落实 2030 年可持续发展目标，有效实施国家绿色发展战略，实现群众就业、生活改善、社会有序。2. 在解决过去发展中存在的问题与不足、困难障碍和新时期出现的挑战如新冠肺炎疫情、气候变化、贸易摩擦、国际和地区局势不稳定等时，要实现突破。3. 发挥国家潜在优势，通过应用 ICT（信息通信技术）逐步实现经济自主。（老挝《人民报》2021 年 1 月 19 日第 5 版）

② 这七大问题是：1. 实现群众脱贫，缩小城乡、贫富差距，偏远地区能够享受公共服务。2. 解决经济薄弱问题，如经济增长主要依靠低效率的自然资源开采使用、发展质量不高等。3. 解决财政收入和公共债务问题，如财政收入的流失、财政预算不能满足发展需要等。4. 解决货币工作中存在的问题，如贸易实现顺差但国际收支（BOP）结算能力却下降、通胀上升、汇率波动导致出现黑市等。5. 解决新冠肺炎疫情造成的劳工失业和恢复生产经营等问题。6. 解决政府管理、社会治理效率不高的问题，实现严格依法治理，改善外商投资环境。7. 解决人力资源开发成效不高、缺乏重点的问题，结合工业 4.0 新常态推进职业技能开发和专家型技能人才培养。（《今后五年需要政府尽快解决的七大问题》，老挝通讯社网站，2021 年 1 月 13 日，http://kpl.gov.la/detail.aspx?id=57227，登录时间：2021 年 1 月 14 日）

③ 详见《向党的第十一次全国代表大会报告"八五"计划执行情况和"九五"计划草案》（老挝文），老挝《人民报》2021 年 1 月 19 日、20 日。

政府办公现代化等方面的开发建设。例如，在北部的琅南塔、乌多姆赛省，中部的甘蒙、沙湾拿吉省，南部的占巴塞省丰通县、阿速坡省绿宝石三角区投资兴建产业园区，参与兴建4个国际机场等。逐步减少对矿产资源开发等老方认为非可持续发展投资的比重。

第三，加大老挝人才培养帮扶力度。在继续提供国家留基委和各省市奖学金名额的同时，考虑加大对老挝熟练技工培养的帮扶力度，如利用西双版纳职业技术学院为老挝北部四省培养种植养殖能手，利用湖南铁道职业技术学院、昆明铁道职业技术学院等院校为中老铁路项目培养老方机务、乘务、电工等方面的技能型工人。同时，加强中老军队和警务合作，每年吸收约50名老挝军官、警官赴华进修，以提升老挝军警骨干的思想素质和业务能力。另外，要设法帮助老挝培养一定数量的高科技和企业管理人才，特别注重创新型科技人才培养，为老挝实现可持续健康发展提供人才支撑。

第四，帮助支持老挝提升地区影响力。除积极参与"变陆锁国为陆联国战略"实施、促进老挝区位优势提升外，在发展对老关系时，应充分考虑老挝全方位、多层次和平合作发展外交理念和"积极参与和平解决地区和国际争端的进程"的愿望，帮助支持老挝在东盟框架内、在次区域合作机制如大湄公河次区域合作、澜湄合作、CLMV（柬老缅越）机制内发挥更大作用，可考虑由老挝充当南海问题争端各方协调联络员或南海问题定期磋商机制发起人。同时，密切关注老挝对冲战略的实施运用，在通伦总书记与越南现任领导人私人关系友好的背景下，发挥老挝在中越老三边互动中的积极作用——促成中国入股万象—他曲—永安港铁路建设和永安港建设、调解中越南海争端分歧等，并激发老挝在多边框架下为中国—东盟、中俄、中美、中印等双边关系发展进行协调斡旋的潜能。在有关各方对中国不断崛起仍有所顾虑的情况下，我们应重视通过老挝来实现既有地区合作机制功能作用的提升。

Lao's Policy Trend in the Future: Analysis from the Report of the 11th National Congress of the LPRP

Wei Jianfeng

Abstract The 11th National Congress of the Lao People's Revolutionary Party was held in Vientiane from January 13 to 15, 2021. The Congress Report deliberated and adopted by the Congress summarized and evaluated the work of the 10th LPRP Central Committee and the implementation of the Five-Year Plan for Economic and Social Development, deeply analyzed the difficulties and problems faced in the national development, and made overall planning and deployment of national development strategy for the next five years. As a programmatic document that showing the current situation of the party and the country and planning for the future development of the country, the Report has carried out in-depth thinking on a series of major problems at home and abroad, and put forward ideas and policies to solve them. The report shows that the LPRP adheres to the idea of seeking truth from facts and dares to face up to problems and difficulties. Through the research and analysis of the Report, we believe that the Report of the 11th National Congress of the LPRP maintains the general tone of the 10th National Congress of the party. In the future, the LPRP will continue to pay attention to strengthening the party's self-construction and infrastructure construction, continue to promote the reform of administrative institutions, continue to deepen the reform in the economic field, and further strengthen the construction of the armed forces and the status of national defense and public security forces. At the same time, the LPRP should continue to pursue the diplomatic concept of win-win cooperation and actively carry out all-round hedging diplomacy.

Key Words LPRP; The 11th National Congress Report; Policy Trend

Authors Wei Jianfeng, South Asia and Southeast Asia Language and Culture College, Yunnan Minzu University, Kunming, Yunnan, Lecturer, Ph. D..

佐科第二任期内阁改组特点及影响

蓝心辰

【摘要】2020年12月22日，印尼总统佐科突然宣布内阁改组。这是佐科在其第二任期内进行的第一次内阁改组。在新冠肺炎疫情持续蔓延的背景下，迫于政府内阁效率低下、两大部长因涉嫌贪腐被捕的压力，佐科不得不立即对内阁进行改组。佐科试图通过增强内阁的工作效率，加快印尼国民经济的恢复。同时，也借此机会为2024年大选做好准备。本文将围绕印尼内阁改组，对佐科上任以来的改组历史进行简单的梳理，简要分析此次内阁改组的特点和影响。

【关键词】佐科　内阁改组　特点

【作者简介】蓝心辰，广西大学中国—东盟信息港大数据研究院，舆情中心副主任兼舆情助理。

一　引言

2020年12月22日，印尼总统佐科正式宣布内阁改组，并向公众介绍了六名内阁新任部长。这是佐科在第二任期内进行的第一次内阁改组。其中，泗水市原市长德莉·莉斯玛哈丽妮（Tri Rismaharini）升任社会部长，接替涉嫌贪腐的前社会部长朱利亚里·彼得·巴杜巴拉（Juliari Peter Batubara）；旅游与创意经济部长维斯努塔玛（Wishnutama）被撤职，由曾担任雅加达首都特区副省长的桑迪亚加·乌诺（Sandiaga Uno）接替其职务；卫生部长德拉万·阿古斯·普特兰托（Terawan Agus Putranto）被撤职，由国有企业部原副部长布迪·古纳迪·萨迪金（Budi Gunadi Sadikin）接替其职务；宗教部长法克鲁·拉齐（Fachrul Razi）被撤职，由伊联安梭青年团组织（GP Ansor）中央理事会主席雅库特·乔利尔·库玛斯（Yaqut Cholil Qoumas）接替其职务；国防部原副部长萨克蒂·瓦赫尤·特伦哥诺（Sakti Wahyu Trenggono）升任海洋渔业部长，接替涉嫌贪腐的前海洋渔业部长艾迪·普拉博沃（Edhy Prabowo）；贸易部长阿古斯·苏巴尔曼托（Agus Suparmanto）被撤职，由原印尼驻美国大使穆罕默德·鲁特菲（Muhammad Lutfit）接替其职务。①

此次内阁改组具有深刻意义。一方面旨在使印尼的新冠肺炎疫情能尽早结束，并推动国家经济复苏。面对新冠肺炎疫情，佐科希望所有部长都能够团结起来，共同应对危机。另一方面，佐科在平衡政党关系的同时，也在积极为2024年大选铺路。

二　佐科执政期间内阁改组的历程

内阁改组在政治领域中并非一件新鲜事。不同时期，内阁改组的原因也各不相同。例如，改善政府管理，加强各部门之间的协同和协调，或一些部长被卷入贪腐案件中等。归根结底，一个政府对内阁进行改组，是为了能更好地发挥政府的工作效率，确保政府工作能顺利运行。众所周知，佐科于2019年开启了他的第二任期。自佐科2014年就任总统以来，共对内阁进行了五次改组。笔者将佐科在任期内的内阁改组按时间顺序进行了如下归纳：

（一）第一次改组

2015年8月12日，在各内阁部长上任未满一年的情况下，佐科对内阁进行了第一次改组（详见表1）。

（二）第二次改组

2016年7月27日，佐科对内阁进行第二次改组。这次改组共涉及14

---

① "Pernyataan Lengkap Presiden Umumkan Enam Menteri Baru", InfoPublik, December 22, 2020, https：//infopublik.id/kategori/nasional－politik－hukum/499501/pernyataan－lengkap－presiden－umumkan－enam－menteri－baru，登录时间：2020年1月13日。

个职位变动，包括 13 个部长和 1 个机构负责人的职位（详见表 2）。

表1　　　　　　　佐科任内印尼政府内阁第一次改组

	职位	时任领导	新任领导
1	经济统筹部长	索菲安·贾里尔 （Sofyan Djalil）	达尔敏·纳苏迪安 （Darmin Nasution）
2	国家发展规划部长	安德里诺夫·哈尼亚戈 （Andrinof Chaniago）	索菲安·贾里尔 （Sofyan Djalil）
3	海洋统筹部长	英德罗约诺·苏西洛 （Indroyono Soesilo）	里扎尔·拉姆利 （Rizal Ramli）
4	政治法律安全统筹部长	特佐·埃迪·普尔迪亚特诺 （Tedjo Edhy Purdijatno）	卢胡特·宾萨·班查伊 （Luhut Binsar Pandjaitan）
5	贸易部长	拉赫马特·戈贝尔 （Rachmat Gobel）	托马斯·伦邦 （Thomas Lembong）
6	内阁秘书	安迪·威查延多 （Andi Widjajanto）	帕来摩诺·阿侬 （Pramono Anung）
7	总统府幕僚长	卢胡特·宾萨·班查伊丹 （Luhut Binsar Pandjaitan）	德登·玛斯杜基 （Teten Masduki）

资料来源：作者通过印尼《罗盘报》新闻整理。

表2　　　　　　　佐科任内印尼政府内阁第二次改组

	职位	时任领导	新任领导
1	交通部长	伊格纳希尤斯·佐南 （Ignasius Jonan）	布迪·卡利亚·苏马迪 （Budi Karya Sumadi）
2	国家发展规划部长	索菲安·贾里尔 （Sofyan Djalil）	班邦·布罗佐内戈罗 （Bambang Brodjonegoro）
3	财政部长	班邦·布罗佐内戈罗 （Bambang Brodjonegoro）	丝莉·穆莉亚妮 （Sri Mulyani）
4	土地与空间规划部长	菲力·穆尔希丹·巴尔丹 （Ferry Mursyidan Baldan）	索菲安·贾里尔 （Sofyan Djalil）
5	能源与矿产资源部长	苏迪尔曼·赛义德 （Sudirman Said）	伊格纳希尤斯·佐南 （Ignasius Jonan）
6	工业部长	萨利赫·胡辛 （Saleh Husin）	艾尔朗加·哈尔达托 （Airlangga Hartato）

续表

	职位	时任领导	新任领导
7	文化与初中级教育部长	阿尼斯·巴斯维丹（Anies Rasyid Baswedan）	穆哈吉尔·艾芬迪（Muhadjir Effendy）
8	农村、落后地区发展与移民部长	马尔万·贾法尔（Marwan Ja'far）	艾科·普特罗·善佐约（Eko Putro Sandjojo）
9	提高国家机构效率与行政改革部长	尤迪·克里斯南迪（Yuddy Chrisnandi）	阿斯曼·阿布努尔（Asman Abnur）
10	海洋统筹部长	里扎尔·拉姆利（Rizal Ramli）	卢胡特·宾萨·班查伊（Luhut Binsar Pandjaitan）
11	政治法律安全统筹部长	卢胡特·宾萨·班查伊（Luhut Binsar Pandjaitan）	维兰托（Wiranto）
12	贸易部长	托马斯·伦邦（Thomas Lembong）	恩加迪亚斯托·卢基塔（Enggartiasto Lukita）
13	投资协调委员会主席	弗兰基·西巴拉尼（Franky Sibarani）	托马斯·伦邦（Thomas Lembong）
14	工业副部长	—	弗兰基·西巴拉尼（Franky Sibarani）

资料来源：作者通过印尼《罗盘报》新闻整理。

（三）第三次改组

2018年1月17日，佐科对内阁进行第三次改组。由于时任社会部长科菲法·因达尔·帕拉万萨（Khofifah Indar Parawansa）参加2018年东爪哇地方首长选举，辞去了社会部长的职务。佐科将该职位交给了时任从业党（Partai Golkar）秘书长伊德鲁斯·马尔哈姆（Idrus Marham）。此外，穆尔多科（Moeldoko）取代德登·玛斯杜基担任总统府幕僚长。德登被任命为总统特别事务协调官。

（四）第四次改组

2018年8月15日，佐科对内阁进行第四次改组。由时任警察副局长夏弗汀（Syafruddin）暂代提高国家机构效率与行政改革部长阿斯曼·阿布努尔的职务。替换是由于阿斯曼所在的政党——国民使命党成为反对党，所以该党在内阁中不再拥有席位。随后，于 2018 年 8 月 24 日，佐科任命阿古斯·古米旺·卡达萨斯米达（Agus Gumiwang Kartasasmita）为新任部长。

（五）第五次改组

2020 年 12 月 22 日，佐科进行第五次内阁改组，更换 6 名部长（详见表 3）。

表 3　　　　　　　佐科任内印尼政府内阁第五次改组

	职位	时任领导	新任领导
1	社会部长	朱利亚里·彼得·巴杜巴拉（Juliari Peter Batubara）	德莉·莉斯玛哈丽妮（Tri Rismaharini）
2	旅游与创意经济部长	维斯努塔玛（Wishnutama）	桑迪亚加·乌诺（Sandiaga Uno）
3	卫生部长	德拉万·阿古斯·普特兰托（Terawan Agus Putranto）	布迪·古纳迪·萨迪金（Budi Gunadi Sadikin）
4	宗教部长	法克鲁·拉齐（Fachrul Razi）	雅库特·乔利尔·库玛斯（Yaqut Cholil Qoumas）
5	海洋渔业部长	艾迪·普拉博沃（Edhy Prabowo）	萨克蒂·瓦赫尤·特伦哥诺（Sakti Wahyu Trenggono）
6	贸易部长	阿古斯·苏巴尔曼托（Agus Suparmanto）	穆罕默德·鲁特菲（Muhammad Lutfit）

资料来源：作者通过印尼《罗盘报》新闻整理。

内阁改组是为了实现政府的某些目标，或与政党达成某些利益。该目标通过替换部长职位来实现。在佐科执政期间，共对内阁进行了五次改组。预期，在接下来的几年中，佐科仍会对现有内阁成员的业绩进行评估，以更好地发挥政府机制的作用，并实现他的计划。

三　佐科改革内阁的背景

此次内阁改组涉及社会部、旅游与创意经济部、卫生部、海洋渔业部、贸易部和宗教部。其中时任泗水市市长德莉·莉斯玛哈丽妮升任社会部长，雅加达首都特区前副省长桑迪亚加·乌诺担任旅游与创意经济部长，时任国有企业部副部长布迪·古纳迪·萨迪金担任卫生部长，替换被指防控疫情不力的时任卫生部长德拉万·阿古斯·普特兰托。

印尼总统佐科开启第二任期仅一年，政府内阁便接连被曝出贪腐丑闻。时任社会部长朱利亚里·彼得·巴杜巴拉和时任海洋渔业部长艾迪·普拉博沃因涉嫌贪腐落马。其他 4 名被替换的部长据称被指在疫情防控与经济复苏方面的工作表现都不到位。[①] 由此，笔者归纳整理出以下几点内容。

（一） 内阁成员组建初期深受社会诟病

佐科第二任期的政府内阁成员由政党和专业人员组成。早在佐科首次宣布内阁成员以来，他对一些部长的任免在社会上就引起了争议。一方面，一些部长被认为不是专业人员，无法胜任其工作；另一方面，还有一些部长曾因违反医学道德而受到制裁。以下是深受民众热议的几名部长：

1. 时任宗教部长法克鲁·拉齐

法克鲁·拉齐因具有军事背景，但没有宗教事务管理经验而引起争议，并受到了许多伊斯兰教知名人物的抗议。为此，佐科力排众议，表示法克鲁在军队中已经服役很长时间，在这方面具备丰富的经验，其有能力解决激进主义的问题。舆论分析表示，近年来，印尼国内面临越来越严重的极端主义和恐怖主义渗透的局势，佐科曾多次要求不仅要在政府层面推行去激进化程序，更重要的是社区和民间组织也必须参与行动，共同铲除激进主义和恐怖主义。2019 年 10 月中旬，就在佐科连任宣誓就职前 10 天，该国时任政治法律安全统筹部长维兰托在下乡视察时被恐怖组织成员行刺受伤，恐怖主义和激进主义之猖獗再次敲响警钟。[②] 因此，佐科寄望于法克鲁在执掌宗教部后能解决激进主义蔓延的问题。[③]

[①] 《印尼总统宣布内阁改组 力求加快经济复苏》，联合日报，2020 年 12 月 23 日，https：//weareunited.com.my/11522089/，登录时间：2021 年 1 月 13 日。

[②] 《印尼官方密集发声反极端主义和恐怖主义》，中国新闻网，2019 年 11 月 2 日，https：//www.chinanews.com/gj/2019/11-02/8996346.shtml，登录时间：2021 年 1 月 13 日。

[③] 《印尼官方密集发声反极端主义和恐怖主义》。

2. 时任卫生部长德拉万

德拉万曾因违反医学道德而受到制裁，此事深受印尼民众诟病。尽管如此，佐科仍视德拉万为适合担任卫生部长的人选。佐科认为，德拉万有能力处理地方性灾难，因为印尼的灾难多发地区有可能面临地方性疾病威胁。

3. 总检察长布哈努丁

布哈努丁（ST Burhanuddin）是一名年轻的退休检察官，并不是政党干部，但他是民主斗争党干部杜巴古斯·哈沙努丁（Tubagus Hasanuddin）的弟弟。所以，外界认为布哈努丁被任命为印尼总检察长与政治利益密不可分。但是，佐科强调，他之所以选择布哈努丁是因为他身为检察官的专业性，并且布哈努丁计划将预防腐败放在首位，这符合佐科的期望。

4. 内政部长迪托·卡尔纳维安（Tito Karnavian）

佐科对迪托·卡尔纳维安的任命使公众感到疑惑。公众认为迪托的能力不足以担任这个职务，因为其无法解释肃贪委调查员诺菲尔·巴斯瓦丹（Novel Baswedan）被泼镪水案件。但佐科认为，迪托曾担任印尼国家警察总长，在该领域具有丰富的经验。

5. 教育与文化部长纳迪姆·玛卡里姆（Nadiem Makarim）

纳迪姆·玛卡里姆因其印尼网约车公司 Gojek 创办人的身份受到了社会的广泛关注。但纳迪姆并不具备政治背景和教育经验，并且他是本届内阁所有部长中最年轻的部长。对此，佐科表示，纳迪姆创立了 Gojek 等技术型公司，他相信，纳迪姆可以利用他在技术上的专长以教育标准应用于 30 万所学校。这种技术被称为可跨越式发展的系统应用程序。佐科认为，由纳迪姆担任教育与文化部长，可以为印尼的教育领域带来巨大的突破。

6. 国防部长普拉博沃·苏比延托（Prabowo Subianto）

佐科对普拉博沃·苏比延托的任命同样引起了社会各界的广泛热议。一方面，在 2019 年总统大选中，普拉博沃是佐科的竞争对手；另一方面，普拉博沃被指控牵涉几十年前的侵犯人权案。人权运动家批评普拉博沃早年人权纪录不佳，不适宜加入内阁。佐科对此回应，在印尼，没有像其他国家那样的反对派，印尼民主是共同民主。他表示："如果对国家有利，为什么不呢？"

尽管在内阁成员组建初期，一些部长的任命受到社会各界的诟病，但佐科仍力排众议，希望他们能安安心心"在其位，谋其职"。随着新冠肺炎疫情的暴发，印尼政府的表现更是受到社会的关注。遇到突发紧急事件，一个人的反应能力和应对方案能体现出其是否能够胜任这个职位。而一些部长抗疫表现不佳，使社会和各党派对内阁改组的呼声越来越高，加之两名内阁部长在抗疫关键时期被曝出涉嫌贪腐案件，佐科不得不立即对内阁进行改组。

（二）疫情期间，内阁效率低下

自 2020 年 3 月初印尼出现首例新冠肺炎确诊者以来，印尼多名部长的抗疫业绩一直平平无奇。2020 年 3 月 4 日至 6 月 1 日，印尼的新冠肺炎确诊病例总数仅为 26940 例。至 6 月底，短短的 30 天内，确诊病例总数增加了一倍之多。根据印尼政府新冠肺炎疫情信息公布官网数据，自 6 月 9 日以来，印尼新冠肺炎确诊病例几乎日增超一千。6 月 18 日，佐科在举行全体内阁非公开会议时，愤怒地批评一些部长毫无危机感，在面临新冠肺炎疫情威胁时，仍若无其事地如常工作，毫无突破性。例如，卫生部的预算支出依然很少，仅落实 1.53%，与预期的目标相去甚远；卫生激励措施金发放缓慢，佐科于 2020 年 3 月 23 日确定了卫生激励措施金的数额，但是该激励措施金在两个月后才开始发放。此外，佐科也批评相关部门对社会援助的分配未达到最大效益，并没有达到经济刺激预期；中小微企业的财政刺激吸收仅达总预算 123.46 万亿印尼盾的 22.74%。[1] 根据印尼中央统计局公布的数据，印尼 2020 年第一季度国内生产总值同比增长 2.97%，远低于市场预期。[2] 为此，佐科要求各部长在特殊时期采取非同寻常的步骤，而不是如同处理日常事务般工作。佐科提醒，若一些部长的表现仍没有重大变化，他将解散该机构或对内阁进行改组。[3]

在新冠肺炎疫情期间，德拉万是佐科第二任期政府内阁中最受人关注

---

[1] Herzaky Mahendra Putra, "Menunggu 'Reshuffle' di Tengah Pandemi", Kompas, July 15, 2020, https://nasional.kompas.com/read/2020/07/15/13284141/menunggu-reshuffle-di-tengah-pandemi?page=all，登录时间：2021 年 1 月 14 日。

[2] 《印尼一季度经济增速降至近 20 年来最低》，新华网，2020 年 5 月 5 日，http://www.xinhuanet.com/world/2020-05/05/c_1125944638.htm，登录时间：2021 年 1 月 13 日。

[3] 《印尼总统不满许多部长抗疫不力 拟改组内阁或解散一些机构》，一带一路，2020 年 6 月 29 日，https://beltandroad.zaobao.com/beltandroad/news/story20200629-1064926，登录时间：2021 年 1 月 13 日。

的部长之一。长期以来，社会各界对德拉万的批评声音一直不断。德拉万曾是军中的放射科医生，也曾是佐科已故母亲的私人医生。他在印尼暴发新冠肺炎疫情后被委以重任。可是在新冠肺炎疫情暴发初期，德拉万一味淡化疫情的严重性，并向民众提议通过多祈祷来抵抗病毒，引来多方批评。[1] 此外，身为印尼卫生部长，卫生部预算的支出和激励措施金的发放速度也令人诟病。说明他在各方面未做好协调工作，也没有准备好应对这一场突如其来的危机。

（三）高层贪腐，需恢复民众对政府的信心

2020年11月底至12月初，短短两周内，印尼政府内阁便有两名部长落马。兼任大印尼运动党副主席的时任海洋渔业部长艾迪因涉嫌该国龙虾苗出口许可证签发腐败案件于11月25日被肃贪委逮捕。12月6日，肃贪委又以涉嫌对新冠肺炎疫情防控社会援助物资采购收受贿赂，逮捕了时任社会部长兼民主斗争党干部朱利亚里。这使佐科不得不加快对"印尼前进内阁"改组的步伐。

随着新冠肺炎疫情持续时间的延长，印尼民众的恐慌感和危机感加剧。特别是在印尼政府执行严格的卫生条例，对社区活动实施限制的情况下，民众的恐慌情绪不断升级。直到两名内阁部长接连落马，民众的恐慌和不满情绪达到顶峰。因此，佐科选择莉斯玛哈丽妮担任社会部长，也从另一方面证明了佐科试图通过选择对社会具有诚信的部长来恢复公众对印尼政府的信心。社会部是非常重要的一个部门，该部的主要任务是减轻灾害和妥善解决社会问题。所以，社会部与基层社区的关系非常密切。而莉斯玛哈丽妮在担任泗水市市长期间所取得的成绩及民众对她的支持，有利于挽回印尼政府的负面形象。

---

[1] 《卫生防疫不力遭撤换 印尼改组内阁拼经济》，e南洋，2020年12月23日，https：//www.enanyang.my/%E5%9B%BD%E9%99%85/%E5%8D%AB%E9%95%BF%E9%98%B2%E7%96%AB%E4%B8%8D%E5%8A%9B%E9%81%AD%E6%92%A4%E6%8D%A2-%E5%8D%B0%E5%B0%BC%E6%94%B9%E7%BB%84%E5%86%85%E9%98%81%E6%8B%BC%E7%BB%8F%E6%B5%8E，登录时间：2021年1月13日。

（四）国家经济恢复需要更具有魄力的领导

在德拉万应对新冠肺炎疫情表现不佳的情况下，佐科采取了一项重大政策，即任命时任国有企业部副部长的银行家古纳迪接替卫生部长一职。虽然古纳迪没有卫生领域工作的背景，但其具有专业的管理技能和丰富的管理经验，被认为适合政府体制内的管理工作。而佐科正需要这类人才以控制新冠肺炎疫情的传播及对新冠疫苗进行采购和分发。此次佐科对内阁的改组可以说是非常独特的，佐科将曾在经济部门的人员换置到卫生部门，不难看出他希望古纳迪能够做好卫生部的基础工作，以此推动经济复苏。但是，作为一名经济学家，古纳迪在处理新冠肺炎疫情时所制定的政策，可能更偏向于业务的得失，而不是基于基础数据信息的科学分析。因此，佐科为其配备了一名具有医学背景的人才担任卫生部副部长，以便其可以获得更多相关领域的专业建议。

在贸易部长人选中，佐科选择了由穆罕默德·鲁特菲担任贸易部长，取代原来的贸易部长阿古斯·苏巴尔曼托。鲁特菲不仅是马哈卡媒体公司（Mahaka Media）的创始人之一，也曾担任印尼驻美国大使、印尼驻日本大使、投资协调委员会主席和贸易部长。选择鲁特菲担任贸易部长被认为是正确的，他不仅具有专业能力，还拥有相当广泛的业务网络，并且曾经也担任过贸易部长，可以说这次是做回他的"老本行"。目前印尼需要大力促进出口，以防止经济萎缩。选择一位具有专业能力的贸易部长，对于印尼来说是非常重要的。

四　佐科改组后内阁的特点

佐科第二任期首次组成的"印尼前进内阁"被称为佐科关于大选后体现政治体制和时代变化的综合体。该内阁成员不仅包括支持佐科的政党，还包括曾经的反对党——大印尼运动党，甚至连佐科在2019年总统大选中的竞争对手普拉博沃也加入了政府内阁，成为国防部长。除此之外，该内阁也有年轻、专业和富有创造力的人士，以应对瞬息万变的时代的需求。有利的政治局势成为印尼政府内阁顺利开展工作的重要保障，但是内阁改组也因此被认为变得毫无意义。一些政客认为，支持政府政党的增加和反

对党的减少,将不利于政府机制的健康运行。但笔者认为,此次内阁改组,佐科也在以往的经验下汲取了一些教训,呈现以下特点:

(一) 党派矛盾与利益冲突之间的制衡

自 1998 年印尼改革以来,历届总统在选择内阁成员时至少会考虑两个方面,即专业能力和政党的支持。尽管印尼坚持总统制,但内阁的确立是印尼国内各党派之间政治力量斗争和妥协的结果,政党仍然是相互制衡的力量。佐科与普拉博沃的和解就是一个明显的例子,这体现了政党权力仍然作为印尼政治文化的典型组成部分。在佐科第二任期首次组建内阁时,民主斗争党在内阁有四名部长(法律人权部长、社会部长、提高国家机构效率与行政改革部长和内阁秘书),国民民主党有三位部长(农业部长、环境与林业部长和信息与通讯部长),专业集团党有两位部长(经济统筹部长和工业部长),大印尼运动党有两位部长(国防部长和海洋渔业部长),民族觉醒党有两位部长(贸易部长和劳工部长),建设团结党有一位部长(国家发展规划部长)。① 2019 年印尼大选后在国会拥有席位的 9 个政党,除了繁荣公正党、国民使命党和民主党之外,都在内阁分得了部长席位。

在此次内阁改组中,尽管两大政党干部因涉嫌贪腐被捕,但佐科仍为这两个政党预留了固定的"配额"。由于政党的配额是明确的,佐科不会任意决定由谁担任部长。尽管改组内阁是总统的特权,但佐科依然会等待政党领导人提议,再做最终的决定。②

此次内阁改组,民主斗争党和大印尼运动党分别提名了泗水市市长莉斯玛哈丽妮和雅加达首都特区前副省长桑迪亚加。由莉斯玛哈丽妮替换涉嫌贪腐的时任社会部长朱利亚里。而任命莉斯玛哈丽妮为部长,可以说是确保印尼政府正常运转的战略选择。莉斯玛哈丽妮在政治舞台上并不是一

---

① 《迎接新的一年,佐科维总统改组内阁》,千岛日报,2020 年 12 月 29 日,https://www.qiandaoribao.com/wp-content/uploads/2020/12/29122020.pdf,登录时间:2021 年 1 月 14 日。

② "Sudah 9 Kali Diusulkan Sepanjang 2020, Akankah Ada Reshuffle Kabinet di Rabu Pon?" Tribunnews.com, Dseember 19, 2020, https://www.tribunnews.com/nasional/2020/12/19/sudah-9-kali-diusulkan-sepanjang-2020-akankah-ada-reshuffle-kabinet-di-rabu-pon?page=all,登录时间:2021 年 1 月 14 日。

个新人物,她的名字经常出现在印尼国家政治精英的行列。作为具有丰富领导经验的当地政治人物,莉斯玛哈丽妮被预测为雅加达首都特区省长候选人和印尼总统候选人。莉斯玛哈丽妮的独特领导再加上对普通百姓的亲切感,无疑使她成为佐科眼中的战略人物。

大印尼运动党虽然失去了一个海洋渔业部长的职位,但是,佐科委任了该党成员桑迪亚加担任旅游与创意经济部长一职。所以,大印尼运动党仍然保留了两位部长的席位。

此外,大印尼运动党留下的海洋渔业部长职位的空缺,佐科指定了国民使命党中具有企业家背景的萨克蒂·瓦赫尤·特伦哥诺填补,这标志着由佐科领导的印尼政府内阁又多了一个支持政府的政党。这与阿敏·赖斯及其支持者脱离国民使命党另组党派有关。[1]

(二)促进宗教和谐与多元化

佐科在第二任期首次内阁组建中,削弱了穆斯林代表在内阁中的地位,引起了争议。此次内阁改组,佐科选任一名年轻的伊联领袖雅库特·乔利尔·库玛斯接替了此前毫无宗教管理经验的法克鲁,一是考虑到雅库特作为穆斯林知名人物的身份,有助于缓和此前任命法克鲁时引起的宗教矛盾。法克鲁在上任的第一个月,就提出了一项引人哗然的建议,即出于打击伊斯兰激进主义的安全考虑,法克鲁提议禁止女性在印尼政府机关内佩戴面纱。这项提议后因外界的强烈质疑最终"流产"。伊斯兰学者乌利·阿比沙·阿卜杜拉(Ulil Abshar Abdalla)对此指出,印尼政府处理激进主义的做法没有逻辑,让人感到混乱。一方面对于佩戴面纱的女性采取强硬的立场,另一方面,又同意让印尼极端组织"捍卫伊斯兰阵线"(FPI)更新到期的许可证。[2] 乌利·阿比沙·阿卜杜拉表示,印尼政府对这些议题的处理缺乏逻辑,说明政府不知道该如何应对激进主义。二是,雅库特不仅是伊联安梭青年组织总主席,也是伊联副总主席,而伊联是印尼两大

---

[1] 《迎接新的一年,佐科维总统改组内阁》,千岛日报,2020年12月29日,https://www.qiandaoribao.com/wp-content/uploads/2020/12/29122020.pdf,登录时间:2021年1月14日。

[2] 《抗议激进主义着眼公务员言论和面纱 印尼政府挨批》,联合新闻网,2020年1月29日,https://udn.com/news/story/6809/4310407,登录时间:2021年1月14日。

伊斯兰组织之一。因此，雅库特就任，有利于印尼宗教关系的和谐。

（三）政党干部与专业人士的均衡

这次改组，内阁出现了新的企业家组合，即国有企业部长艾瑞克·托希尔（Erick Thohir）与其他三位企业家的组合。新任贸易部长鲁特菲不仅具有商业背景，还曾担任过印尼驻美国、日本大使，投资协调委员会主席，这是他第二次出任贸易部长。从某种意义上来说，鲁特菲也是重返他之前的工作。作为具有银行家背景的新任卫生部长古纳迪，虽然不具备卫生领域的经验，但相信他与具有医学背景的卫生部副部长能够组成最佳搭档。作为曾担任国有企业部副部长的古纳迪，被认为具备战术性思维，在应对新冠肺炎疫情和采购新冠疫苗的过程中，可以增强公众对印尼政府应对疫情的信心。此外，新任旅游与创意经济部长桑迪亚加，佐科希望他能够与财政部和经济统筹部携手制定全面的政策，使旅游业能够在来年恢复增长。有学者评价，从积极的角度来看，这几名部长已经认识多年，不存在沟通障碍。同时，他们又具有丰富的经商和管理经验，相信他们对佐科政府在应对新冠肺炎疫情和加速国家经济复苏方面会大有作为。[①]

五 佐科内阁改组后的影响预测

佐科在2020年底对内阁进行改组必将产生影响。这不仅影响新任部长的绩效评价，还影响整个印尼的政治生态。

（一）反对党阵营减少导致政治权力失衡

此次内阁改组虽然提携了几名专业人士，但体现的更多是政治上的调整，而不是绩效的考核。从桑迪亚加被提任为部长这一情况可以看出，佐科希望与大印尼运动党保持长期良好的关系。桑迪亚加曾在2019年总统大选中和现任国防部长普拉博沃作为搭档与佐科—马鲁夫进行竞争。早前佐

[①] 《迎接新的一年，佐科维总统改组内阁》，千岛日报，2020年12月29日，https://www.qiandaoribao.com/wp-content/uploads/2020/12/29122020.pdf，登录时间：2021年1月14日。

科已将大印尼运动党中央理事会总主席普拉博沃招揽进入内阁,如今又增添一名大印尼运动党的"大将",意味着佐科已与他的两名对手"握手言和"。这更像是为了减少反对党而进行的一次考量。所以说,此次内阁改组的目的也是最终确定政党联盟的政治位置,以便有更多的政党支持政府。从侧面看,由于支持印尼政府的政党过多,政府政治主导权得到强化,可能会导致政府政治权力失衡。

(二)推动经济恢复,提高投资者信心

根据佐科公布的名单,此次内阁改组中,有六名新任部长进入内阁。包括海洋渔业部、贸易部、旅游与创意经济部等多个经济领域的部长被替换。此外,具有经济背景的时任国有企业部副部长古纳迪也加入内阁。可见,佐科也希望更多有经验的企业家能为印尼政府提供更多的支持,尤其是在新冠肺炎疫情持续的情况下,政府渴望能够尽快恢复经济。而在2020年,印尼政府为了吸引更多的投资,推出了《创造就业综合法》。这项新法的适用范围广泛,旨在提升外资项目的审批效率,吸引更多的外商进行直接投资。该法对合作社和中小型企业提供了政策支持,并改善了投资的生态环境,有利于加快印尼国家战略项目的建设,包括改善工人的福利。所以,在新冠肺炎疫情期间全球经济下行的背景下,提振印尼经济显得尤为重要。

(三)为 2024 年大选作准备

佐科此次进行的内阁改组被认为是在为 2024 年大选"召集"总统候选人。根据"印尼政治指标"于 2020 年 9 月 24—30 日对 1200 名受访者进行的随机调查,可以观察到,内阁部长已经进入 2024 年印尼总统候选人的名单。其中,国防部长普拉博沃的支持率达 16.8%;旅游与创意经济部长桑迪亚加的支持率达 8.8%;政治法律安全统筹部长默罕默德·马福德(Mohammad Mahfud)的支持率达 1.3%;经济统筹部长艾尔朗加·哈尔达托(Airlangga Hartato)的支持率达 1.2%;国有企业部长艾瑞克的支持率

达0.8%，内政部长迪托的支持率达0.4%。① 国民民主党中央理事会主席查尔斯·枚亚萨（Charles Meikyasah）表示，内阁改组是对可能成为总统候选人的人的领导能力的考验，并为他们搭建平台。他认为，对于2024年印尼总统和副总统候选人来说，担任部长和地区领导职务非常重要，因为他们的政绩可被公众看到。目前，佐科已经进入总统第二任期，根据印尼现行的法令，总统只能连任两期。所以，在此次任期结束后，佐科将结束他的总统生涯。可以预见的是，佐科可能正在物色下一届总统人选，以便他的计划可以在下一届政府中继续进行。

六　结语

总而言之，佐科在第二任期所进行的首次内阁改组并非任意而为，其所选择的每一位部长都是深刻考量的结果。不论是为了提振经济，还是为了增强支持现任政府的联盟，政党之间存在相互制衡，才能更好地发挥政府的职能。随着更多具有领导力潜质的人员加入印尼政府内阁，各部长在新冠肺炎疫情中的执行力或将成为2024年印尼总统大选中决胜的助力之一。

The Characteristics and Impact of the Cabinet Reshuffle since Joko Widodo's Second Term

Lan Xinchen

Abstract　On December 22, 2020, Indonesian President Joko Widodo suddenly announced a cabinet reshuffle. This was the first reshuffle since Joko Widodo's second term, mainly because of government inefficiency and official

---

① "Ini Tanggapan Parpol Ketika Jokowi Lantik 'Kabinet Capres 2024'", NusaDaily.com, Desember 25, 2020, https：//nusadaily.com/metro/ini - tanggapan - parpol - ketika - jokowi - lantik - kabinet - capres - 2024.html, 登录时间：2021年1月15日。

corruption, the spread of Covid – 19 across Indonesia. Joko Widodo was forced to immediately reshuffle the cabinet. Joko Widodo tried to speed up the recovery of Indonesia's national economy by containing the spread of the epidemic and enhancing the efficiency of the cabinet. At the same time, It's also an opportunity to prepare for the 2024 election. This article will focus on the reshuffle of the Indonesian cabinet, briefly review the history of the reshuffle since Joko Widodo took office, and analyze the characteristics and impact of the reshuffle of the cabinet.

Key Words　　Joko Widodo; Cabinet Reshuffle; Features

Authors　　Lan Xinchen, Vice Director of Public Opinion Center & Public Opinion Research Assistant, China – ASEAN Information Harbor Institute of Big Data Research, Guangxi University.

国民联盟执政以来马来西亚政党关系变化分析

覃馥琳

【摘要】 本文首先通过政治光谱分析法对比希望联盟执政时期与国民联盟执政时期马来西亚不同政党在国会下议院议席数量、执政党和在野党阵线组成结构的变化。继而分析国民联盟执政以来马来西亚政党关系的主要新特点，具体表现为：右派势力重新掌权、"两线"政治博弈加剧、政党阵线内部结构更为松散、政党体制表现出部分"共识型"民主特征。最后，根据马来西亚政党关系变化的新特点，对马来西亚第十五届大选以后的政党关系进行简单预测。

【关键词】 马来西亚政党政治　国民联盟　"共识型"民主

【作者简介】 覃馥琳，广西大学中国—东盟信息港大数据研究院，马来西亚舆情助理。

一　引言

2020年2月底的"喜来登行动"让马来西亚发生了一次"非常规"的政权轮替，国民联盟（Perikatan Nasional）在这次政权轮替中获得执政权。此次非大选年的政权轮替改变了希望联盟（Pakatan Harapan）执政时期维持的政党关系，使马来西亚政党关系出现一些前所未有的新特点。目前关于国民联盟执政以来政党关系的分析较少，马来西亚学者约翰·萨拉瓦纳穆图（Johan Saravanamuttu）通过回顾"喜来登行动"中的权力博弈和执政联盟组成变化关注到："政党的分裂和联盟的政治过渡一直是2020年马来西亚政治的主旋律"。[①] 北京大学马来西亚籍国际关系研究者邓世轩在分析"喜来登行动"时注意到族群政治对马来西亚政治博弈的影响，他在《马来西亚政变：权力游戏与族群政治》一文中分析马来西亚的政治重组时提到了马来西亚政治联盟的政治光谱，对本文分析国民联盟执政以来的朝野政党政治倾向有一定启发。此外，马来西亚时评人冯振豪从马来民族统一机构（简称巫统）、马来西亚伊斯兰党（简称伊斯兰党）和土著团结党（简称土团党）三个最主要的马来人政党在第七十五届巫统大会上的表现，分析马来人政党之间的"共识"问题，[②] 为本文分析马来西亚政党联盟内部关系提供了参考。

二 研究方法

政治光谱分析法是将物理学中用来鉴别物质及确定其化学组成和相对含量的方法应用到政治学当中。将政党按政治理念分类，根据它们的政治倾向在光谱图中用不同方向、不同深浅的标记表现，进而分析不同政党之间的亲疏关系。

为了更直观地阐述马来西亚政党关系的变化，本文采用政治光谱分析法通过对比希望联盟执政时期和国民联盟执政时期马来西亚执政党阵线和在野党阵线内部结构，以两届政府执政时期，不同执政理念政党所掌握的国会下议院议席数为内容，绘制马来西亚政党关系光谱图（图1）。

选择马来西亚不同政党在国会下议院中的议席数为内容绘制马来西亚政党关系光谱图，是因为在下议院获得多数席位的政党获得组阁权。一个政党在国会下议院拥有的议席越多，该政党在政治活动中拥有的话语权就越大。马来西亚的政党制度被称为"两线制"。"两线制"是以英美的"两党制"为蓝本，结合马来西亚多元族群的选民结构特点，从"两个政

[①] Johan Saravanamuttu, "Malaysia in 2020: Political Fragmentation, Power Plays and Shifting Coalitions", *Southeast Asian Affairs*, Volume 2021, pp. 169-184.

[②] 《冯振豪："没共识"的全民共识》，星洲网，2021年4月1日，https://www.sinchew.com.my/content/content_2452179.html，登录时间：2021年7月8日。

核心政党联盟	核心政党	合作政党联盟	合作政党/独立人士	独立人士	合作政党/独立人士	合作政党联盟	核心政党	核心政党联盟
执政党阵线							在野党阵线		
国会下议院议席总数						国会下议院议席总数			
议席数	议席数	议席数	议席数		议席数	议席数	议席数	议席数
政党名称	政党名称	政党名称	政党名称	政党名称	政党名称	政党名称	政党名称	政党名称	政党名称

图 1 马来西亚政党关系光谱图示例

资料来源：根据马来西亚当今大马、星洲网等新闻报道自行整理绘制。

党"发展成"两个（多元族群）阵线"[①]。马来西亚执政党阵线与在野党阵线之间的政治话语权对比可以通过两个阵线所掌握的国会下议院议员支持数看出。

在马来西亚，执政党和在野党阵线内部都会存在一个较大政党联盟作为主导，本文用"核心政党联盟"表示。从 2018 年大选结果来看，当时朝野阵线的核心政党联盟分别为希望联盟和国民阵线；"喜来登行动"后朝野阵线的核心政党联盟变成了国民联盟和希望联盟。核心政党联盟之外，其他拥有国会下议院议席的政党（联盟）都会表态自己支持两个阵线中的一个核心政党联盟，从而形成两个阵线制衡的格局。

希望联盟执政时，该联盟的核心政党为人民公正党（简称公正党）、民主行动党、土著团结党和国家诚信党（简称诚信党）。马来西亚时评人郑至健认为希望联盟源于"一个以烈火莫熄之名聚集了二十年公民社会、反对党和人民追求平等和自由民主的社会运动和反对阵线"[②]，在马来西亚政党光谱中政治立场偏左，本文将其领导的阵线简称为"左派阵线"，代表马来西亚左派势力。"喜来登行动"后，希望联盟内部政党政治分歧暴露，土团党穆希丁派系脱离希望联盟，联合当时在野党阵线中的伊斯兰党、国民阵线等政治力量组建国民联盟。国民联盟执政后，执政党阵线的核心政党联盟由土团党、伊斯兰党和沙巴立新党（简称立新党）组成，因巫统所拥有国会下议院议席数占比高是国民联盟重要的合作政党。土团党、伊斯兰党和巫统的核心理念均坚持马来人优先、强调宗教地位、捍卫马来统治者。由这几个政党主导或支持的阵营，在马来西亚政党光谱中政

[①] 黄进发：《两线制还可能吗？》，东方日报，2017 年 7 月 29 日，https：//www.orientaldaily.com.my/news/wenhui/2017/07/29/206537，登录时间：2021 年 7 月 8 日。

[②] 《郑至健：是谁害了希盟政府？》，东方日报，2020 年 5 月 24 日，https：//www.orientaldaily.com.my/news/wenhui/2020/05/24/342268，登录时间：2021 年 7 月 8 日。

治立场偏右。本文将这几个政党主导或支持的国民阵线、国民联盟简称为"右派阵线",代表马来西亚右派势力。

在本文的光谱图中,左侧为执政党阵线,右侧为在野党阵线。执政党或在野党阵线属于"左派阵线"还是"右派阵线"将根据代表马来西亚左派势力的希望联盟在图片的左侧还是右侧来进行区分,同一时间与希望联盟同在一个阵线的其他政党(或是政党联盟)即为"左派阵线",反之则为"右派阵线"。独立人士若明确表达对某一阵线支持,则记入执政党或在野党的阵线中,若没有明确表达政治立场,则单独标记。

在执政党阵线和在野党阵线内部,政党(或是政党联盟)参与组成阵线的形式分为两种:一是成为所支持阵线的成员党(或是成员政党联盟);二是成为所支持阵线的合作党(或是合作政党联盟)。根据笔者对马来西亚各政党在政治活动中表现的观察,成员党与合作党相比,成员党与阵线的关系更为紧密,一般与阵线内话语权最大的成员党在政治行动中保持一致;而合作党表态支持阵线的同时自身保持更多的独立性,在政治行动中并不完全与阵线内话语权最大的成员党保持一致。为了清晰阐述一个阵线内部成员党(联盟)和合作党(联盟)的变化,本文采用不同深度的灰色加以区分。国民联盟政府执政以来,政党参与组成阵线的形式相较希望联盟时期偏好发生了变化,这种变化也将在下一部分详细阐述马来西亚政党关系光谱图中有直观体现。

三 国民联盟执政以来马来西亚政党关系的变化

2020年3月,国民联盟政府通过非民选的方式获得执政权。此次政权轮替后执政阵线和在野党阵线的国会下议院议席数无法像历届大选那样直接从竞选中获得。笔者选择了两个时间点的马来西亚政党关系来绘制政治光谱图进行对比分析:2019年11月16日和2021年1月12日。

马来西亚在2018年第14届大选以后,分别在森美兰州波德申、彭亨州金马仑高原、沙巴州山打根和柔佛州丹绒比艾迎来四场国会议席补选。最后一场国会议席补选结果于2019年11月16日出炉。此后,希望联盟执政期间,国会议席没有再出现朝野阵线的变更。2021年1月12日,马来西亚国家皇宫发表声明,宣布最高元首阿卜杜拉同意全国即日起进入紧急状态以对抗新冠肺炎疫情。总理穆希丁当日中午进一步阐述紧急状态具体措施，称其间将停办选举。[①] 选举停办也意味着议席数量的变化不会影响执政党阵线和在野党阵线的地位，而进入紧急状态前的朝野阵线国会下议院议席数成为最后可靠的参考数据。

通过比较2019年11月16日马来西亚政党关系光谱图（图2）和2021年1月12日马来西亚政党关系光谱图（图3），可以发现马来西亚政党关系在国民联盟执政后出现了明显的变化。

第一，朝野阵线政治立场对调。由于希望联盟（除土团党外）失去执政权重新变成在野党，在野党阵线政治立场由右转左；国民联盟在土团党、伊斯兰党和巫统的支持下执政，执政党阵线政治立场由左转右。原希望联盟成员党土团党因内部分裂政治立场发生转变，从左派阵线阵营转入右派阵线阵营，是导致朝野阵线政治立场对调的一个主要原因。

第二，执政党阵线与在野党阵线的政治实力差距缩小。对比两个时间点的马来西亚政党关系光谱，执政党阵线和在野党阵线所获得的国会下议院议席总数差距从58票缩小至2票（注：由于马来西亚实施紧急状态，沙巴州三脚石和霹雳州宜力两场国会议席补选未进行）。根据马来西亚宪法，总理由最高元首任命，且必须是一名"在最高元首看来会得到国会下议院多数议员信任的议员"。同时，如总理无法获得下议院多数议员支持，就必须辞职，除非最高元首在这名总理建议下解散国会。[②] 非紧急状态下，在国会获得超过50%下议院议员支持是一个政治联盟组阁的必备条件。目前由国民联盟领导的执政党阵线因支持票数在过半数门槛边缘徘徊，其政治实力弱于希望联盟时期的执政党阵线。

第三，在执政党阵线与在野党阵线内部，合作政党（联盟）的议席数都有所增加。从图2各政党议席数可以看出，希望联盟政府执政后期，左派阵线内合作政党（联盟）议席数在阵线中占比7.19%，右派阵线内合作政党（联盟）议席数在阵线中占比27.16%。国民联盟政府执政后，左派阵线内合作政党（联盟）议席数在阵线中占比上升至18.02%，右派阵线

[①] 《马来西亚全国进入紧急状态期间停办选举》，中国新闻网，2021年1月12日，https://www.chinanews.com/gj/2021/01-12/9384946.shtml，登录时间：2021年7月8日。

[②] 林昊：《马来西亚总理：现政府依然稳固我仍是合法总理》，新华社，2020年9月23日，https://baijiahao.baidu.com/s?id=1678630075589989656&wfr=spider&for=pc，登录时间：2021年7月8日。

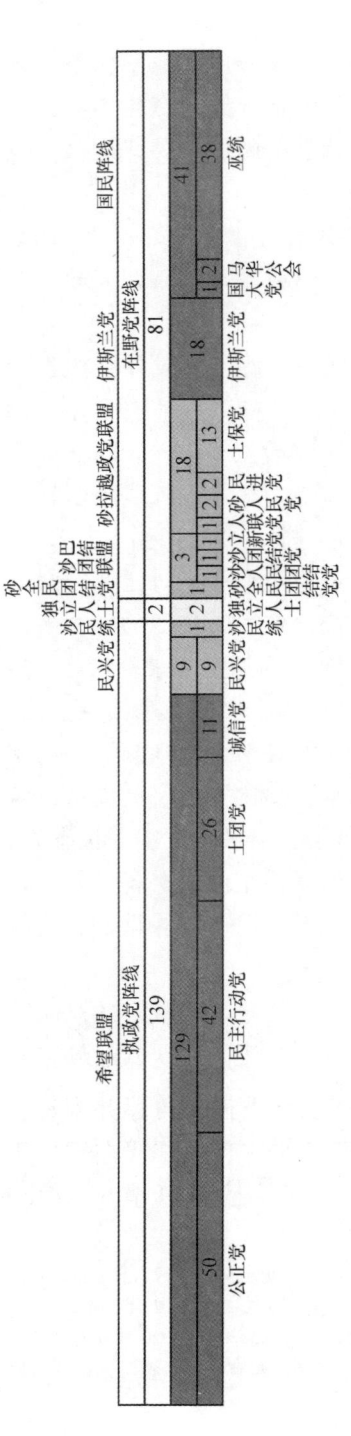

图 2　2019 年 11 月 16 日马来西亚政党关系光谱图

资料来源：根据马来西亚当今大马、星洲网等新闻报道自行整理绘制。

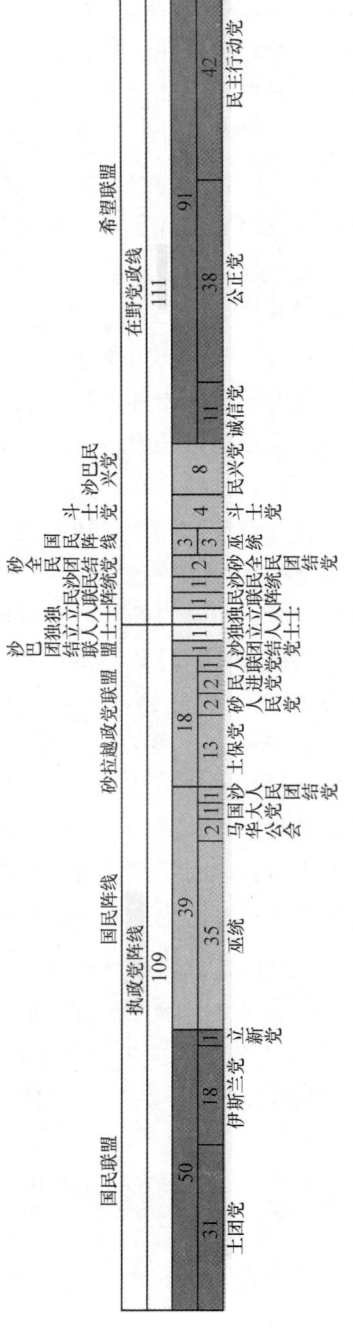

图 3　2021 年 1 月 12 日马来西亚政党关系光谱图

注：巫统三位议员东姑拉沙里、阿末加兹兰和纳兹里公开宣布不再支持慕希丁政府，三人议席计入在野党阵营。

资料来源：根据马来西亚当今大马、星洲网等新闻报道自行整理绘制。

内合作政党（联盟）议席数在阵线中占比上升至 54.13%。合作政党（联盟）议席数占比上升一定程度上说明执政党阵线与在野党阵线内部政党之间合作的紧密性减弱。

四　国民联盟执政以来马来西亚政党关系的新特点

这一部分，笔者将通过上一部分关于马来西亚政党关系光谱图变化结果，结合中国—东盟信息港大数据研究院东盟舆情监测平台收录的马来西亚政治新闻事件，分析国民联盟执政以来马来西亚政党关系的新特点。

（一）右派势力重新掌权

2018 年大选前，巫统所领导的国民阵线长期执政，也意味着马来西亚的右派势力在政治中长期保持优势。随着希望联盟的上台，马来西亚实现了第一次政权轮替，左派势力首次打破右派势力优势获得执政权。但马来西亚华团民权人士所设想的"朝野两大阵线轮流执政，形成类似英美两党政治的政党生态"[①] 并未能最终实现，希望联盟的任期被政治危机打断，右派势力再次夺取马来西亚联邦政权。

（二）"两线"政治博弈加剧

国民联盟执政以来，由于执政党阵线与在野党阵线的政治实力差距缩小，两个阵线之间的政治博弈加剧。

国民联盟政府的组阁权通过马来西亚最高元首委任获得，并未经过大选，不符合马来西亚政治传统，国民联盟领导的执政党阵线在国会下议院所拥有的议员支持数从穆希丁被委任为总理的那一刻起至今一直存在争议。从国民联盟组阁成功至马来西亚宣布进入紧急状态前，以希望联盟为主的在野党阵线就多次通过国会挑战执政党阵线的组阁资格（见

---

① 潘永杰：《两线制：历史、理念与前景》，星洲网，2019 年 3 月 3 日，https://www.sinchew.com.my/content/2019-03/03/content_2015890.html，登录时间：2021 年 7 月 8 日。

表1）。

表1　　　　　　　　关于总理支持率的议员投票测试

时间	事件	执政党支持数	反对党支持数	缺席或弃权	备注
2020/2/29	穆希丁被任命为总理，希盟列出己方支持议员数	/	114票	/	支持数来自希盟单方面证据
2020/7/13	悬空国会下议院议长职务	111票	109票	2票	
2020/12/15	2021年财政预算案三读	111票	108票	1票	2个国会议席未补选

资料来源：根据Bernama、东方日报、星洲日报相关新闻综合整理。

目前处于紧急状态下，马来西亚暂时不会发生政权轮替，但两个政党阵线之间的博弈一直未停止。2021年1月12日之后，陆续出现国会议员表态转换支持阵线的新闻报道，例如，2021年2月28日，公正党议员孙伟瑄和钟少云表态支持国民联盟政府。3月13日，公正党国会议员西维尔宣布以独立人士身份支持国民联盟政府。此外，有媒体爆料两个政党阵线为获得更多国会下议院议员支持，疑似使用违规手段。2021年3月7日，公正党议员娜特拉针对有人利诱她跳槽事件，向马来西亚反腐败委员会举报；前全国总警长在4月30日卸任前最后一场记者会上，发表了"我致力于打击警队贪污，但外面的政治人物却醉心于权力，青蛙（指改变支持阵线的议员）一下跳这里、一下跳那里，这很明显存在贪污！"[①]的言论，引发舆论对政治腐败的关注。如果马来西亚朝野政党阵线所获得的国会议员支持数量不拉开明显的差距，两个阵线之间为争取更多的政治权利还会继续采用各种手段拉拢对方阵线议员，马来西亚的政治博弈将更加激烈。

（三）朝野阵线内部结构更为松散

光谱图（图2与图3）显示国民联盟执政以来，马来西亚执政党阵线与在野党阵线内部合作政党（联盟）的议席数都有所增加，表明马来西亚目前左派阵线和右派阵线内部政党关系都不如过去紧密。阵线内核心政党

---

① 《告别记者会Part2："青蛙一下跳这里跳那里"　阿都哈密轰政治人物贪权》，中国报，2021年4月30日，https：//www.chinapress.com.my/?p=2493110，登录时间：2021年7月8日。

联盟对整个阵线的话语权下降。朝野两个阵线都出现核心政党联盟与合作政党（联盟）争夺话语权的事件。

在野党阵线中，重新成为在野党的希望联盟及其合作政党面对新在野党阵线领导人的选择曾出现过争议。公正党主席安瓦尔与原公正党署理主席阿兹敏的关系问题导致党内"敏派"成员流失，这些成员最后加入土团党壮大了国民联盟政府的实力。核心党员的流失使安瓦尔的领导能力受到希望联盟及其合作政党的质疑，沙巴民兴党主席沙菲益曾试图挑战安瓦尔在野党阵线领袖的资格，虽然最终未获成功，但沙菲益的举动得到在野党中祖国斗士党（简称斗士党）创建人马哈蒂尔的支持，表明在野党阵线政党之间存在发展方向的分歧，在野党阵线没有形成一个关系紧密的整体。

执政党阵线中，虽然国民联盟凭借 50 个议席成为执政党阵线的核心政党联盟，但从单个政党的议席数来看，巫统凭借 35 个国会下议院议席超过土团党的 31 个议席成为执政党阵线中议席数最多的单一政党。这也导致巫统试图以撤回对国民联盟政府的支持来争取在执政党阵线中更大的话语权。执政党联盟内部结构也同样不紧密。

朝野政营内部结构变得更松散，与"两线"博弈加剧有直接关系，朝野政党之间的票数微差，使持有少数议席的政党有机会成为"造王者"，增加了持少数议席政党与阵线内拥有多数议席的核心政党联盟谈判的筹码。

（四）政党体制表现出部分"共识型"民主特征

"共识型"民主（Consensus Democracy）是美国政治学会前主席、美国艺术与科学院院士利普哈特（ArendLijphart）提出的一种民主模式。这种民主模式提出了在异质性强、多元化程度高的社会里通过广泛的权力分享来实现社会各个利益群体达成共识，从而创立了"协和型"民主模式，之后该模式发展为"共识型"民主模式[1]。组建大型联合内阁是"共识型"民主一个主要的特征。

---

[1] 王燕：《从"协和式"到"共识型"：利普哈特民主理论发展的逻辑进程》，《湖北社会科学》2018 年第 2 期，第 42—47 页。

马来西亚独立后沿袭了英殖民时期确立的威斯敏斯特民主模式。这种多数民主模式权力集中，得多数票的政党（联盟）获得组阁权，执政党（联盟）和在野党（联盟）处于对峙状态。马来西亚执政党阵线和在野党阵线政治博弈加剧就与这种民主模式的局限性有关。

国民联盟执政以来，面对政治僵局，部分政治势力开始考虑一些前所未有的模式来解决困境，这些对马来西亚政党体制改变的尝试，表现出部分"共识型"民主特征。例如，下届大选可能没有单一政党或较大政党主导的联盟能够通过大选获得过半数支持组阁，马来西亚可能出现选后根据议席数组阁的状况，政党不分党派需要通过协商达成共识组成联合政府。面对联合政府组阁的可能性，目前朝野政党阵线中都有政党在寻找跨越政治立场的组阁合作对象。2021 年 3 月 30 日，在野党阵营领袖安瓦尔就向媒体公开表示，尽管巫统大会上巫统领导人表示不会与公正党合作，但他不认为与巫统就大选进行合作的可能性已经消失。双方的关系还可以"基于价值观和原则进行评估"[1]。2021 年 5 月 13 日，作为沙巴在野党代表的民兴党主席沙菲益作出不介意与目前是执政党合作政党之一的沙巴团结党（简称沙团结党）合作的表态后，沙团结党主席马克西姆（Maximus）在一篇声明中表示，沙团结党是多元种族政党，愿意为了沙巴州人民的利益与包括民兴党在内的在野党合作[2]。这种跨越政治立场组阁的合作意向，是马来西亚政党政治出现一些"共识型"民主特征要素的表现。

五 马来西亚第十五届大选以后的政党关系预测

国民联盟执政以来马来西亚政党关系新特点的出现，与现阶段马来西亚政治转型进程有着密切关系。国民联盟利用民主流程及威权式的非常规手段执政并成功巩固政权，打破了 2018 年大选以来形成的朝野阵线制衡的局面，却未能让马来西亚政治回到 2018 年以前一个政党联盟独大的局面，表现出马来西亚政治转型在后威权时代的特点——民主性与威权性并存。

---

[1] "Anwar Downplays Cooperation Snub at Umno Assembly as Rhetoric", Malay Mail, March 30, 2021, https: //www.malaymail.com/news/malaysia/2021/03/30/anwar - downplays - cooperation - snub - at - umno - assembly - as - rhetoric/1962289, 登录时间：2021 年 7 月 8 日。

[2] 《为沙巴人福祉 团结党愿与民兴党合作》, The Malaysian Insight, 2021 年 5 月 13 日, https: //www.themalaysianinsight.com/chinese/s/315397, 登录时间：2021 年 7 月 8 日。

马来西亚的民主化还处于过渡期，政治格局也呈现出新旧交替的不稳定特点。

目前，由于新冠肺炎疫情防控需要，紧急状态下的马来西亚国会暂时延期。目前马来西亚新冠肺炎疫情发展趋势尚不明朗，国会预计最快需要至 2021 年 8 月 1 日紧急状态结束后才能恢复正常运作。从目前朝野阵线政治博弈局面看，紧急状态结束后马来西亚极有可能会尽快举行第十五届全国大选。

这一部分，笔者将结合国民联盟执政以来的政党关系、马来西亚各民调机构关于执政满意度的相关调查等资料对马来西亚第十五届大选以后的政党关系进行简单预测。笔者认为，第十五届大选后马来西亚仍将由右派阵线执掌联邦政府，朝野阵营核心政党联盟的话语权进一步压缩，东马地方政党势力对中央政权的影响加大。

（一）右派阵线继续执掌联邦政府

本文作出第十五届大选后联邦政府仍由右派阵线执政的预测是基于钟摆效应。2018 年的首次政党轮替使马来西亚政治光谱首次出现左派势力的执政党，左派势力执政也首次经历马来西亚社会的考验。但这种从右往左的转变过于剧烈，马来西亚社会并不能很快适应。根据马来西亚默迪卡民调中心"国家发展方向、领导人能力和当前问题的全国民意"调查报告，受访民众从 2018 年 5 月希盟当选执政至 2019 年 6 月对政府的满意度明显下降。在政府满意度调查中，受访民众对希盟政府的满意度从 75% 下降至 41%。在国家发展方向的调查中，认为国家发展方向正确的受访者占比从 64% 下降至 40%，其中经济因素是民众认为国家发展方向有误的主要理由[1]。"喜来登行动"的成功，就是马来西亚社会对本次重大社会变革不适的"自我调节"。政策措施研究中心（INVOKE）调查显示，在 2021 年 2 月接受调查的受访者中对于总理穆希丁和国盟政府的抗疫表现感到满意的

---

[1] Merdeka Center, "NATIONAL PUBLIC OPINION SURVEY PERCEPTION TOWARDS DIRECTION, LEADERSHIP & CURRENT ISSUES (2018)", February 8, 2020, https：//merdeka.org/v2/download/national-public-opinion-survey-perception-towards-direction-leadership-current-issues-2/，登录时间：2021 年 7 月 8 日。

比例达到69%①。默迪卡民调中心在2021年4月24日的民调显示，总理穆希丁的支持率维持在67%的稳定水平。有70%的选民认为，国盟政府能够高效有序地处理新冠肺炎疫情②。从民调结果来看，目前右派阵营执政是被民众接受的，所以笔者认为在第十五届大选后，虽然不能确定哪个政党联盟将成为执政阵线的核心，但受选举钟摆效应和新冠肺炎疫情下国家经济恢复缓慢的影响，马来西亚仍将由偏向维持社会传统的保守右派阵线继续执掌联邦政府。

（二）朝野阵营核心政党联盟的话语权进一步压缩

由于朝野"两线"政治博弈加剧，无论左派还是右派阵线的核心政党联盟都难以凭借联盟自身实力组阁。面对第十五届大选，核心政党联盟为赢取足够的国会下议院议席并组阁，将被迫选择与自己政治立场差异巨大的政党（联盟）合作，这种基于追求最大支持数而不是共同政治理念建立的阵线，在大选结束后阵线内部政党之间将重点保持合作关系而非结盟，阵线内部结构松散而不稳固。为保证合作政党留在己方阵线，核心政党联盟需向合作政党（联盟）让渡更多政治利益，导致核心政党联盟的话语权进一步压缩。此外，政治立场差异巨大的政党组建阵线，还会导致阵线的政治立场不明确，削弱核心政党联盟对自己选民基本盘的号召力，从而影响整体政治话语实力。国民联盟执政以来，有媒体称，巫统有意与在野党阵营中的公正党合作以遏制执政党阵营中的土团党，此消息在巫统党内引起极大争议。为平息争议，巫统主席阿末扎希不得不在2020年巫统代表大会上以"拒绝安瓦尔、拒绝行动党"的口号否认了相关合作的预测。从此事件可以看出，未来第十五届大选中若有政党选择跨政治立场合作，会给政党的号召力带来影响。

---

① 《INVOKE民调：69%受访者满意政府抗疫表现》，东方日报，2021年4月24日，https://www.orientaldaily.com.my/news/nation/2021/04/24/407252，登录时间：2021年7月8日。

② 《慕尤丁民调获67%支持率 土团党妇组：反映对政府有信心》，东方日报，2021年4月24日，https://www.orientaldaily.com.my/news/nation/2021/04/24/407266，登录时间：2021年7月8日。

（三）东马地方政党势力对中央政权影响增加

东马地区的沙巴和砂拉越两州因历史原因在面对联邦政府时政治诉求比较清晰，即恢复沙巴、砂拉越建国伙伴地位。关于恢复东马两州自治权的问题争议比较少，又因为东马两州政党拥有国会下议院 31 个议席，东马政党成为朝野政党阵线积极争取的对象。沙巴、砂拉越的政党通过最近两次联邦政权轮替已明显感受到西马政党权力的分散。关于第十五届大选后的利益分配，东马政党除了巩固自身在沙巴、砂拉越地区的利益外，也将索要更多中央权力。这种权力索求在国盟执政时期就已经有所表现。例如，国盟政府成立时，设立了总理府沙巴砂拉越事务部长，目前部长职由沙巴团结党主席马克西姆担任，这是马来西亚联邦政府首次设立专门的东马事务部长。在野党阵线中，沙巴民兴党有意向西马扩张。马来西亚民主联合阵线（简称民联阵或 MUDA）暂时未能完成社团注册局注册，面对下届大选可能需要借助其他政党的旗帜参选。在 2020 年 4 月 17 日的网络直播活动中，民联阵创始人赛沙迪就透露他在与民兴党主席沙菲益讨论合作事宜[①]。若两党合作，民兴党在下届大选后有机会将政党势力延伸至西马半岛。

六　结语

本文通过政治光谱图的形式，对比希望联盟执政时期与国民联盟执政时期马来西亚不同政党在国会下议院的议席数量、执政党和在野党阵线组成结构的变化。从政治光谱看，国民联盟执政时期马来西亚政党关系变化表现为朝野阵线政治立场对调、执政党阵线与在野党阵线的政治实力差距缩小、执政党阵线与在野党阵线内部合作政党（联盟）的议席数都有所增加。分析国民联盟执政以来马来西亚政党关系的新特点，可以概括为马来西亚联邦政权重新由右派势力掌握、朝野"两线"政治博弈加剧、朝野阵线内部结构变得更加松散并且政党体制表现出部分"共识型"民主特征。

---

① "Muda Gabung Warisan? Tunggu, kata Syed Saddiq", Malaysiakini, April 18, 2021, https://www.malaysiakini.com/news/571131，登录时间：2021 年 7 月 8 日。

根据马来西亚政党关系现状，本文预测在马来西亚第十五届大选之后右派阵线继续执掌联邦政府，朝野阵营核心政党联盟的话语权进一步压缩，并且东马地方政党势力对中央政权影响加大。

An Analysis of the Changes of Political Party Relations in Malaysia since the Perikatan Nasional was in Power

Qin Fulin

Abstract This paper will use political spectrum analysis to compare the number of seats of different political parties in the Dewan Rakyat Malaysia and the structural changes of the ruling party alliance and the opposition party alliance in Malaysia during the period of the Pakatan Harapan government and the period of the Perikatan Nasional government. Since the Perikatan Nasional came into power, the political party relationships in Malaysia show new features: the Right parties in power again, a more intensive power game between "two political leagues", a much looser political structure in one of the "two political leagues", consensus democracy of the party system in Malaysia. Finally, according to the new features of political party relations in Malaysia, this paper will make a simple prediction of the political party relations after the next general election in Malaysia.

Key Words Malaysia; Party Politics; Perikatan Nasional; Consensus Democracy

Authors Qin Fulin, China – ASEAN Information Harbor Institute of Big Data Research, Public Opinion Research Assistant to Malaysia.

区域合作

Regional Cooperation

东盟劳动力面临的挑战
——来自老挝的经验

[老挝] 埃克托·梵卡迪（著）　韦宝毅（译）

【摘要】本文对包括老挝在内的东盟国家的劳动力目前所面临的挑战进行了探讨。老挝面临的挑战包括制度薄弱和低效导致的政策不恰当、技能培训不匹配以及缺乏体面工作岗位。东盟国家普遍存在劳动力的社会保障有限的问题。此外，颠覆性技术变革将是未来东盟劳动力面临的另一挑战，尤其是对那些在加工制造业中开始应用技术的国家更是挑战。针对当前和未来的挑战，本文提出了一些建议。

【关键词】劳动力 挑战 工人 东盟 技能和工作 就业

【作者简介】埃克托·梵卡迪（Ekto Vongphakdy），老挝外交学院战略与国际研究室，研究员。

一　导语

技术在日常工作和个人生活中扮演着越来越重要的角色，包括先进人工智能（AI）在内的快速技术创新带来了巨大好处，其中之一是提高了经济活动的生产率。但同时，技术进步又对许多职业构成威胁，尤其是那些在制造、汽车、电子和金属行业工作的人可能会被人工智能取代。最近的一项研究显示，人工智能在世界各地的工业部门发挥了关键作用，开始取代工人进行工作，尤其是在人工智能已被应用的发展中国家，例如，苹果（Apple）和三星（Samsung）的供应商富士康（Foxconn）在中国工厂用机器人取代了6万名工人，其他500家工厂也在朝着同样的方向发展。①

老挝是最不发达的农业国家，农业是经济的主体。与该地区的其他几个国家相比，老挝拥有满足劳动力市场需求的高潜力劳动力，且成本低廉。虽然世界上大多数国家的工业部门的生产线越来越多地使用先进技术，但老挝仍未制定具体战略来帮助其劳动力应对未来的变化。

本文主要研究老挝劳动力在应对颠覆性技术的未来挑战时面临的主要问题和老挝在制定与技能发展和社会保障相关的政策方面的经验，探讨东盟劳动力面临的挑战，并为加强东盟内部以及东盟与中国之间的合作，以应对该地区未来面临的挑战提出建议。

二　老挝劳动力：问题与挑战

多年来，老挝经济增长主要来自于农业，工业和服务业贡献率较小。因此，老挝劳动力就业岗位主要与农业相关，就业机会受到经济单一性的影响。到2019年，劳动力供应接近400万人。② 虽然老挝劳动力供应充足，但就业机会有限，约有四分之一的劳动力不得不到邻国寻找工作机会，其中经济较发达的泰国是老挝工人寻找工作的主要目的地。③

值得注意的是，尽管工业和服务部门多年来开始发展，缺乏体面工作岗位仍然是一个问题，特别是那些在农业领域的非正规部门工作的非熟练劳动力。由于大多数老挝人在非正规部门和农村地区就业，体面工作岗位的缺口通常很大，这些工人特别容易受到社会经济风险的影响，如粮食安全、失业导致收入损失以及压力过大导致疾病，特别是精神疾病等。根据老挝"自愿国家评论"（the Laos' Voluntary National Review）④，老挝基于

---

① "Foxconn Replaces 60000 Factory Workers with Robots", BBC News, May 25, 2016, https://www.bbc.com/news/technology-36376966，登录时间：2020年8月12日。

② "Laos Labor Force Total", Trading Economics, https://tradingeconomics.com/laos-labor-force-total-wb-data.html，登录时间：2020年8月8日。

③ International Labour Organization, "Triangle in ASEAN-Lao People's Democratic Republic", https://www.ilo.org/asia/projects/WCMS_622431/lang--en/index.htm，登录时间：2020年8月4日。

④ Office for the Coordination of Humanitarian Affairs, "Labour Day in Lao PDR: Protecting Rights at Work, Enhancing Social Protection in Times of COVID-19", https://reliefweb.int/report/lao-peoples-democratic-republic/labour-day-lao-pdr-protecting-rights-work-enhancing-social，登录时间：2020年8月4日。

自然资源的经济部门和旅游业等的工人约占就业人口总数的10%，这部分工人因新冠肺炎疫情使国际供应链中断和旅游业暂停而陷入困境。工人的家属也会因工人失业而面临社会经济风险。

老挝劳动力面临的主要挑战是教育水平低和年轻人缺乏专业技能，这导致生产率低下。虽然教育发展是老挝政府的优先事项之一，但相关机构能力薄弱，导致政策制定不当和执行不力。认识到劳动力的未来挑战和区域一体化的需要，老挝正试图通过评估其对劳动力的影响，执行一系列倡议和完善现有法律框架，特别是推动企业家精神的发展，在双边和区域协定下发展技能，以及制定能更好地引进和管理高质量投资的措施，以应对未来的过渡。①

虽然没有具体的战略来应对，老挝正试图通过在正规和非正规部门提供基础教育和技能发展基金，提升劳动力的能力和技能，解决劳动力目前面临的问题，特别是缺乏专业技能的问题。老挝职业技术院校由2014年的37所增加到2018年的45所，在校生达19800余人。② 为了鼓励年轻人进入职业院校和技术学院，老挝采取了一系列策略，例如提供奖学金或津贴，年轻人从这些机构中获得国家发展所需的技能，将有更多就业的机会。然而与该地区其他国家的技术和职业学院提供的更实用的技能相比，老挝为公民提供的能力建设项目有限，大多数技能仍然是最基本的，而且以理论教育为主。这导致毕业生拥有的知识和技能有限，在求职时，尤其是寻求那些需要高级技能的职位时不成功。

除了技能和教育水平低之外，从地方到中央各级的机构能力差是需要解决的另一个问题。老挝的信息共享系统网络薄弱，协调不力，不仅在公共机构内部，而且在公共机构之间以及包括工会和地方当局在内的利益相关者之间也是如此。这造成信息传递出现偏差，导致无法制定恰当的人力发展政策以满足劳动力市场需求。

与对人工智能的担忧不同，人力资源（技术人员）的缺乏和低效的管理体系是另一个关键问题。例如，虽然公共和私营部门在就业统计方面都

---

① "Laos Wants Consensus in Labour Laws across ASEAN", Asia News Network, 2019, https://annx.asianews.network/content/laos-wants-consensus-labour-laws-across-asean-93237, 登录时间：2020年8月4日。

② Lao Statistics Bureau, "Statistical Yearbook 2018", https://seadelt.net/Asset/Source/Document_ID-454_No-01.pdf, 登录时间：2020年8月10日。

有自己的数据库系统，但国家没有统一的劳动力数据库，因此，劳动和社会保障部在制定政策或战略时很难取得需要的资料作为参考。这不仅导致出台了不恰当的政策，也导致技能培训计划无法提供满足劳动力市场需求的技能培训，这种技能被称为不匹配的技能。这可能是老挝劳动力失业的原因之一。认识到这一情况后，老挝政府重新设计了人力资源开发政策，建立了更多的技术和职业中心和机构，其中之一是建设中的老挝铁路职业技术学院，并支持年轻人上这些学院。这些政策的目的是解决老挝面临的缺乏熟练劳动力的问题。近年来，参加技术和职业教育培训（TVET）的人数略有增加。此外，老挝在各个专业领域开展东盟技能互认项目（MRS）。然而，这些政策和东盟技能互认项目对老挝当前的总体就业趋势影响不大。事实证明，在这些政策和项目涵盖的职业中的劳动力总数只有大约38000人，约占全国就业总数的1.3%。[1]

机构能力差加上缺乏技能是失业的原因。然而，这并不意味着没有就业机会，失业率高是因为老挝劳动力的技能和能力大多无法满足雇主的要求，包括建设中老铁路等发展项目和其他几个项目都是如此。因此，在大多数情况下，需要引进大量熟练劳动力和专家。例如，公共工作和交通运输部2020年8月24日的月度报告显示，有超过2.8万名劳动力从中国引进。最近修订的劳动法第68条规定，在老挝经营的外国公司，老挝国民应占总劳动力的70%，而外国人只应占30%。在中老铁路项目中，老挝和中国政府都同意尽可能雇佣当地劳动力，但这是一个挑战，因为当地居民不具备中老铁路公司所需的技术技能。根据最近老挝外交学院（IFA）对中老铁路项目的调查，在老挝北部的中老铁路项目90%以上的劳动力来自中国，其余的都是来自老挝的非熟练劳动力。此外，最近对东盟雇主的一项研究发现，只有三分之一的受访者认为老挝教育培训的毕业生的技能符合企业需求，大多数接受过教育培训的劳动力的技能与雇主的需求无关。[2]这表明，失业问题不能归因于就业机会的缺乏，而是因为培训的技能不能满足雇主的需求。

---

[1] International Labour Organisation, "Decent Work Country Programme for Lao PDR (2017—2021)", https://www.ilo.org/wcmsp5/groups/public/---asia/---ro-bangkok/documents/publication/wcms_554994.pdf, 登录时间：2020年8月4日。

[2] International Labour Organisation, "Decent Work Country Programme for Lao PDR (2017—2021)".

对劳动力的社会保障有限是老挝劳动力面临的另一个问题。虽然有各种社会保障,包括向社会保障基金缴费(仅针对正式工人)以及为非正式部门和普通公众提供自愿医疗保险,但成千上万的人仍然无法从这些社会保障中获得好处,特别是流动工人。参与社会保障的人数有限,就证明了这一点。这在很大程度上是由于机构效率低下。目前,大约26.5%的员工在正规部门参与社会保障,但超过70%的劳动力在非正规部门或在邻国工作而无法获得足够的社会保障,非常容易受到社会经济风险的冲击和技术变革的影响。

社会保障基本发挥保障民生、惠民生的重要作用,包括老挝在内的大多数国家都在推动和鼓励所有利益攸关方参与社会保障政策的制定和规划,以确保劳动力从社会保障政策中受益。目前,老挝试图推广提高社会福利的法律和条例,建立系统的管理,保护劳动力的权利和福利。尽管做出了种种努力,但老挝70%以上的劳动力无法获得社会保障。劳动力不参加社会保障计划的主要原因是收入较低。老挝目前每月的最低工资是110万老挝基普(LAK)或大约120美元。如果加入社会保障体系,劳动力所挣工资的8%将用于缴纳社会保险,这意味着劳动力无法满足基本生活。①另一个原因是劳动力缺乏对上述法律条例的理解,特别是有关未来能得到的长期收益的了解,他们不知道获得的社会福利的长期利益大于缴纳的社会保障基金数额。因此,在全国范围内,特别是在大多数劳动力居住的农村地区,提高劳动力对相关法律条例的认识,并创建法律普及中心,需要得到所有相关部门的迫切关注。

三 老挝制定和实施关于劳动力法律的经验

老挝承认社会保障体系在减少贫困、不平等和脆弱性方面的作用。为了加强劳动力技能和促进社会保障制度发展,老挝制定和修订了一些法律。这些法律的详细情况见表1。

---

① Lao National Chamber of Commerce and Industry, "Discussion Paper on Minimum Wage Reforms: Key Considerations for Lao Employers", Developed with support of ILO ACTEMP, LNCCI, Vientiane, Lao PDR, 2019.

表1　　　老挝关于劳动力的一些重要的法律及执行情况

法律名称	状态	执行年份	备注
老挝劳动法（Lao Labour Law①）	已修订	2013	已生效
老挝社会保障法（Lao Law on Social Security）	已修订	2012	已生效
关于管理劳动和社会福利部门使用统计资料的规定（Agreement on Management of Utilization of Statistics in the Sectors of Labour and Social Welfare）	已发布	2017	已生效
《1930年强迫劳动公约》（第29号）[Forced Labour Convention, 1930（No. 29）②]	已批准	1964	已生效
1951年《同酬公约》（第100号）[Equal Remuneration Convention, 1951（No. 100）]	已批准	2008	已生效
1958年《歧视（就业和职业）公约》（第111号）[Discrimination（Employment and Occupation）Convention, 1958（No. 111）]	已批准	2008	已生效
1973年《最低年龄公约》（第138号）规定最低年龄：14岁［Minimum Age Convention, 1973（No. 138）Minimum age specified: 14 years]	已批准	2005	已生效
1999年《最恶劣形式的童工劳动公约》（第182号）[Worst Forms of Child Labour Convention, 1999（No. 182）]	已批准	2005	已生效

　　这些法律规定了有关管理、审查劳工技能发展，招聘和劳工保护的原则、条例和措施。这些法律不仅有助于加强社会工作的质量和效率，确保老挝向现代化和工业化的转型，维护员工和雇主的权利，还有助于促进投资、国家社会经济发展以及区域和国际联系。但是，这些法律没有考虑到技术快速变化的影响。根据对劳动和社会福利部（the Ministry of Labour and Social Welfare, MoLSW）高级官员的采访，目前老挝的劳动法和相关政策不包括人工智能占据工作岗位等技术进步问题对劳动力市场的影响。这主要是因为在老挝，人工智能尚未在工业部门得到广泛应用。

---

① "Labor Law (Amended)", December 24, 2013, http://www.molsw.gov.la/assets/source/document/Lao%20Labor%20Law.pdf, 登录时间：2021年1月25日。
② International Labour Organization, "Ratifications for Lao People's Democratic Republic", https://www.ilo.org/dyn/normlex/en/f?p=NORMLEXPUB:11200:0::NO::P11200_COUNTRY_ID:103060, 登录时间：2021年1月25日。

国家社会保障制度是将经济增长的利益重新分配给所有人群，目的是确保提高劳动力的技能，最大限度地汇集财政和人力资源，提高行政效力和效率。为了解决劳动力社会保障有限的问题，老挝政府制定了一系列规定和计划，包括正式工人缴费的社会保险、非正式工人的自愿健康保险、穷人的免费保健服务、产妇和五岁以下儿童的资助以及针对弱势群体的各种计划。① 目的是向国营和私营组织所有类型的劳动力提供社会保障，这些保障包括养老金、残疾、疾病、生育、医疗保健、工伤事故和工伤保险金，雇主和雇员之间的缴纳比例分别为60%和40%。最近，登记参加社会保障基金的正式就业的劳动力人数超过25万，2021年预计将增加到30万人。② 然而，老挝的社会保障覆盖率仍然有限，只有26.5%的劳动力受益于这一保险，73.5%的劳动力没有享受这一基本保险。③ 由于大多数人属于低收入群体、穷人和非正式劳动力，医保基金缴款者占总人口的比例仅为2.9%，养老金受益人和缴款者占劳动力总数的比例仅为6.15%。④

　　此外，老挝还通过和修订了许多与保护劳动力和促进劳动力发展有关的法律法规，包括支持劳动力接受技术职业培训的法律，有关职业安全和劳动力健康的新规定以及与合作伙伴签署有关跨境劳动力的社会保障和技能发展的各种协议。这些法律法规与国家当前正在实施的《国家社会经济发展计划（2016—2020年）》《社会经济发展战略（2016—2025年）》和《老挝2030年愿景》发展方向一致。在区域和全球层面，这些法律法规符合东盟规划和联合国可持续发展目标（the UN Sustainable Development Goals），特别是发展目标8。发展目标8强调通过促进包容和可持续的经济

---

① International Labour Organization, "Decent Work Country Programme for Lao PDR (2017—2021)", https：//www.ilo.org/wcmsp5/groups/public/---asia/---ro-bangkok/documents/publication/wcms_ 554994. pdf, 登录时间：2020年8月4日。

② The United Nations in Lao PDR, "2018 Progress Report—Lao PDR – United Nations Partnership Framework (2017 – 2021): A Partnership for Sustainable Development", July 2019, https：//laopdr.un.org/sites/default/files/2019 – 08/2018% 20UNPF_ Progress% 20Report_ English. pdf, 登录时间：2020年8月5日。

③ International Labour Organisation, "Decent Work Country Programme for Lao PDR (2017—2021)", https：//www.ilo.org/wcmsp5/groups/public/---asia/---ro-bangkok/documents/publication/wcms_ 554994. pdf, 登录时间：2020年8月4日。

④ Leebouapao, L., "Report on Social Protection in the Lao PDR", in Asher, M. G., S. Oum and F. Parulian (eds.), *Social Protection in East Asia—Current State and Challenges*, *ERIA Research Project Report* 2009 – 9, Jakarta：ERIA, 2010, pp. 346 – 370.

增长、充分就业和生产性就业,确保人人享有体面工作。

尽管在老挝有这些法律法规,但是由于劳动力市场的管理和服务机构的发展仍然滞后、法律框架存在漏洞、对定期招聘和安置劳动力缺乏明确的界定等,这些法律法规执行起来仍有难度,有时甚至无效。

四 东盟区域内劳动力面临的挑战

东盟成立的最终目标是通过政治安全共同体、经济共同体和社会文化共同体这三大支柱建设"东盟共同体"(ASEAN Community)。东盟共同体集中表现了东盟在半个多世纪的过程中所表现出的韧性和活力,以及东盟成员国在团结一致方面取得的成就。然而,在实现这一目标之前,东盟成员国必须克服无数障碍,特别是东盟成员国之间的发展差距和各国的劳动力技能差距[柬埔寨、老挝、缅甸和越南(CLMV)等国劳动力的技能水平仍然远远落后于其他东盟国家]。东盟经济共同体(ASEAN Economic Community, AEC)旨在将该地区转变为一个单一的市场和生产基地,其特点是商品、服务、资本、人员,特别是熟练劳动力的自由流动。具有强大制度和较熟练劳动力的国家将大大受益于一体化,当东盟地区深度融合时,东盟竞争力高的专业人员能够在该地区更自由地流动,因为其劳动技能在区域和国际上得到承认,而技能较低的劳动力在较发达的经济体中不会被接受而可能失业。新加坡和泰国是主要的劳动力接收国,菲律宾和马来西亚是主要的劳动力供应国。然而,今天东盟内部劳动力流动的性质与东盟经济共同体的愿望截然不同。超过87%的东盟内部移民是非技术工人,而且非正规移民仍然是一个棘手的问题。这些工人主要集中在几个通道流动。排名前五的通道分别是缅甸至泰国、印度尼西亚至马来西亚、马来西亚至新加坡、老挝至泰国、柬埔寨至泰国。所有这些流动工人总数占东盟内部移民总量的88%。[1]

根据联合国经济和社会事务部(United Nations Department of Economic

---

[1] Guntur Sugiyarto, Dovelyn Ranveig Agunias, "A 'Freer' Flow of Skilled Labour within ASEAN: Aspiration, Opportunities and Challenges in 2015 and Beyond", International Organization for Migration, December 2014, https://www.migrationpolicy.org/sites/default/files/publications/MPI-IOM-Issue-No-11-Skilled-Labour-Movement.pdf,登录时间:2021年2月1日。

and Social Affairs)的数据,超过 2000 万东盟公民生活在本国以外,有近 700 万是地区移民,女性占所有流动工人的 7%。① 考虑到被认为是弱势群体的流动工人的数量,东盟领导人及其外部伙伴已作出努力,确保流动工人得到符合联合国 2030 年可持续发展目标的政策的保护,敦促每个国家通过"不让任何人掉队"的方式规划和实施适当的社会保障制度。

虽然东盟国家在社会保障制度改革方面取得了重大进展,但依然面临很多问题,特别是社会保障体系效率低下、覆盖面有限和缺乏体面工作岗位及适应未来变化的能力。社会保障制度在社会中起着极其重要的作用。然而,流动工人通常为非正式或无证工人,因而很难从国家社会保障制度中受益。这就是所谓的法律边界,需要加以解决。②

此外,能够有一份体面的工作是流动工人的梦想,但不是所有的工人都足够幸运,许多人被迫在不人道的工作条件下长时间工作,却只有很少的收入或没有报酬,这些情况经常发生在无证工人身上。流动工人还面临换工作的限制、来自家政雇主的歧视,甚至被限制出入工作场所。

东盟劳动力面临的另一个不可避免的挑战是对未来变化的适应性。技术革命已经塑造和改变了工作方式,这场革命见证了中小企业的崛起,为东盟的劳动力创造了就业机会。在未来几年,这场革命还将从根本上影响东盟的劳动力市场。以应用软件、硬件和机器人形式出现的人工智能将使制造业以更低的成本生产产品,并仍然能够满足市场需求。据预测,到 2028 年,人工智能的使用对东盟主要经济体的低技能工人将产生巨大影响,那时,低技能工人将达到 2800 万,占东盟现有劳动力的 10%。在东盟成员国中,新加坡将是受人工智能影响最大的国家,多达 21% 的劳动力可能会被裁员,其次是越南(14%)和泰国(12%)。③

---

① Marius Olivier,"Social Protection for Migrant Workers in ASEAN: Developments, Challenges, and Prospects",https://www.social-protection.org/gimi/RessourcePDF.action?id=55654,登录时间:2021 年 1 月 28 日。
② Marius Olivier,"Social Protection for Migrant Workers in ASEAN: Developments, Challenges, and Prospects"。
③ Yan,"Artificial Intelligence to Create Millions of New Jobs in ASEAN: Study",Xinhua Net, September 13, 2018, http://www.xinhuanet.com/english/2018-09/13/c_137463742.htm#:~:text=According%20to%20the%20study%2C%20given,level%20of%20output%20as%20today,登录时间:2021 年 1 月 29 日。

五　东盟应对未来挑战的建议

通过对东盟劳动力问题的调查，可以看出，不仅是老挝的劳动力，东盟其他成员国的劳动力目前都面临着诸多挑战，表现为制度薄弱和效率低下，导致政策不恰当、技能不匹配、缺乏体面工作岗位以及社会保障有限等。此外，颠覆性技术将成为东盟未来劳动力面临的一个新问题。为了应对这些挑战，本文提出以下建议：

1. 缩小本区域各国之间的发展差距应继续成为东盟的优先事项之一。在此过程中，除了东盟内部的援助外，与东盟外部伙伴（东盟＋）的合作将是另一种推动经济发展的潜在力量，即通过合作加强基础设施开发、人力资源开发，提高信息和通信技术以及在财政和技术上增加支持和援助。

2. 提高从小学到高等院校的教育质量；提供课程/项目，使人们具备国家社会经济发展所需的技能。这将有助于解决技能不匹配的问题。

3. 加强东盟大学网络等现有合作机制，探索搭建青年特别是技能型职业院校学生交流的平台，促进相互学习。这有助于解决该地区的技能差距问题。

4. 解决东盟内部技术和非技术劳动力自由流动的不平等问题，措施包括加强公共和私营机构能力，使劳动力为未来的工作做好准备，能够更好地利用新技术；密切与工业部门的合作，改进技术和职业教育、培训的标准；参与区域和全球劳动力市场，依托职业技术教育和培训提高工人技能。

5. 《东盟保护和促进流动工人权利宣言》（2007年）［ASEAN Declaration on the Protection and Promotion of the Rights of Migrant Workers（2007）］和《东盟保护和提高流动工人权利共识》（2017年）［ASEAN Consensus on the Protection and Promotion of the Rights of Migrant Workers（2017）］可作为东盟及其合作伙伴与国际劳工组织长期合作的中心指导方针，以研究有关劳工运动问题的潜在双边或多边合作。

6. 推动社会经济结构性改革，确保就业、收入和增长分配在很大程度上惠及社会各阶层。社会经济结构性改革不仅是加强国内创新的途径，也是促进创新型经济发展的途径。

7. 所有利益攸关方都必须承担责任，推动体面工作议程，确保所有工人和企业能在未来的工作中享受应得的权利和利益，那些在历史上一直被排除在社会正义和体面工作之外的人就能得到迟来的帮助。因此，为了确保未来的工作更光明，需要进行一系列重大转变，包括信息共享和协调、坚定的政治意愿或决心以及财政援助。

8. 东盟成员国必须加强合作建立区域劳工流动管理系统，将流动工人记录在案，解决不公平对待流动工人的问题。

Challenges Faced by Labours of ASEAN: The Experiences of Laos in Coping with such Challenges

Ekto Vongphakdy

Abstract This paper identifies challenges that labours in ASEAN including in Laos are currently facing. The challenges, especially in Laos, include weak and ineffective institution which has resulted in inappropriate policies, the mismatched-skills training and the lack of decent works. Also, the limited social protection for labours is the most common for all ASEAN member states (AMS). In addition, disruptive technologies are expected to be another challenges for ASEAN labours in the future, particularly in the countries where industries are commencing to apply technologies in the processing of manufacturing. To address the current and future challenges, this paper also offer some recommendations.

Key Words Labour Force; Challenge; Worker; ASEAN; Skill &Work; Employment

Authors Ekto Vongphakdy, the Stratigic and International Studies Division of Institute of Foreign Affairs, Laos, Research Fellow.

中老跨国蝗灾防治的"三圈混杂"研究

罗红霞　吴宪

【摘要】近年来,蝗灾多次从老挝入境中国云南,严重威胁边境农林及内地粮食安全,蝗灾防治逐渐演变成复杂的跨国公共治理问题。伴随着2018—2021年中老防蝗合作的波折,蝗情逐年严峻,防治成本倍增,风险不可小觑。本文从中国JC县蝗灾防治个案出发,通过文献调查、追踪研究、专家访谈、对中老两国民众的采访,并与国际上重要的蝗灾防治历史案例相比较,借助三圈理论创造性地提出"三圈混杂"分析框架,从价值圈混杂、能力圈混杂和支持圈混杂三个方面呈现了中老防蝗合作的问题表征、生成逻辑,并提出了对策。问题表征在于:价值混杂导致共识不足;能力混杂产生防蝗缺口;支持混杂引发行动不一。其认识论原因在于社会发展三阶段下差异化价值的共时性交互导致价值冲突,首因效应影响冲突;国际原因在于国际组织干预失灵打断中老单向赋能链条的平衡状态但未能填补"空窗";互动原因在于中方重科技帮扶轻交流引导造成支持不一。对策在于:"三管齐下"营建价值共识;将"物资+技术+人员"的直接援助改为采取激励赋能策略;以民间交往和物质激励强化民众支持。

【关键词】国际蝗灾防治　"三圈混杂"　破解路径

【基金项目】国家社科基金项目"我国西南边境居民居留稳定性及其优化机制研究"(20BZZ024)。

【作者简介】罗红霞,云南大学政府管理学院,副教授;吴宪,云南大学政府管理学院,硕士研究生。

一 问题的提出：跨国病虫害防治成为国际治理难题且处于研究夹缝

"全球将近有 19 亿人处于一种食品不安全的状态，造成这种状态的一个主要因素就是病虫害。"[①] 正从农业大国迈向农业强国的中国，农业病虫害近年来呈现逐年加重的趋势，据统计，中国 2018 年因病虫害损失粮食 1195 万吨[②]。2020 年 3 月 17 日，中国国务院第 86 次常务会议通过《农作物病虫害防治条例》，并用较大篇幅强调要坚持政府主导，建立农作物病虫害监测制度、预防控制方案和应急预案。可见，国家法律政策层面已经确认，病虫害防治已经不仅仅是单一的技术问题，而是复杂的治理问题。由于中国近年发生的多次虫灾都不是本土虫源，而是境外迁飞所致，因此需要研究跨国防治问题，如 2008 年内蒙古中东部、黑龙江西部肆虐的草地螟，是从俄罗斯、蒙古国以及哈萨克斯坦等境外迁入[③]；2019 年草地贪夜蛾从缅甸侵入中国云南，截至 2019 年 12 月，全省发生面积 66.5 万公顷[④]。最为典型的是 2020 年的沙漠蝗灾，不仅拖累东非经济，致使超过 2000 万人陷入粮食危机，蝗虫还一路迁飞入侵印度，危害超过 16.8 万公顷农田，致使印度损失了 33% 的农作物，甚至威胁中国边境农林和内地粮食安全。以蝗灾为代表的跨国迁移性病虫害防治不仅涉及跨国技术合作，还涉及不同国家之间的价值观念差异、政府合作机制与民众支持配合，其复杂程度与治理难度远远超过国内区域间病虫害防治，极易出现合作波折，产生防治短板，甚至功亏一篑，需要高度重视和审慎研究。

然而，目前病虫害防治研究主要从国家和地区层面研究防治技术与策

[①] 黄文江：《全球近 19 亿人遭遇粮食危机，竟是因为它们》，澎湃新闻网，2021 年 2 月 6 日，https://www.thepaper.cn/newsDetail_forward_11187419，登录时间：2021 年 7 月 21 日。

[②] 中国统计数据库：《中国农业年鉴 2018》，http://www.shujuku.org/china-agriculture-yearbook.html，登录时间：2021 年 7 月 21 日。

[③] 罗礼智、黄绍哲、江幸福等：《我国 2008 年草地螟大发生特征及成因分析》，《植物保护》2009 年第 4 期，第 27—33 页。

[④] 刘晓飞、胡劭骥、陈鹏等：《云南草地贪夜蛾发生规律、主要影响因子及防控对策》，《云南大学学报》（自然科学版）2021 年第 1 期，第 190—197 页。

略，分为科技防治监测型[①]、日常防治对策型[②]、问题原因分析型三种模式[③]。而跨国治理主要涉及水污染[④]、大气污染[⑤]、公共卫生事件等[⑥]。处于二者交叉领域的，以蝗灾为典型的迁移性病虫害的跨国防治则研究不多。蝗灾暴发是高度可变的，受到包括地理、植被条件、土地利用模式、环境敏感性、资源和策略的可用性、盛行风、不安全地区和降雨模式等诸多因素的影响，因此依赖单一国家的单一控制策略是不现实的[⑦]。而跨国合作会面临哪些问题，其生成逻辑如何，应对策略何在，现有研究语焉不详。艾伦·T. 舒勒（Allan T. Showler）比较了亚洲和非洲的三次大规模蝗灾（1986 年至 1989 年的蝗灾影响了 23 个国家、1992 年至 1994 年的蝗灾影响了 18 个国家、1997 年至 1998 年的蝗灾影响了 7 个国家）及其防治运动后认为：实施主动控制可能减少农药使用、经济成本和环境风险、蝗虫威胁的持续时间和范围，但是曾经在红海沿岸国家和地区发挥了巨大作用的联合国粮农组织 EMPRES 项目终止后，粮农组织仅仅发挥协调作用，实施主动防控策略的责任传递到了国家组织手里。作者认为，捐助者应给予粮农组织自由，使其能够平等地向受灾区域内外的研究项目伙伴提供资金，以促进技术转让，并支持由最佳伙伴组成的小组。但是捐助机构和受灾国之间的合作不足，有时会减缓进展，而且自 1989 年以来蝗灾没有全面

[①] 高德民、史东旭、薛卫等：《基于物联网与低空遥感的农业病虫害监测技术研究》，《东北农业科学》2021 年第 1 期，第 108—113 页。
[②] 马智：《浅析农业种植中病虫害的防治对策》，《农村实用技术》2021 年第 1 期，第 92—93 页。
[③] 李秀萍：《农业生产中病虫害绿色防控的必要性及存在的问题》，《农家参谋》2020 年第 18 期，第 4 页。
[④] 王涛、杨影淇：《嵌套式机制与跨界河流合作机制有效性》，《世界经济与政治》2021 年第 1 期，第 126—152、160 页。
[⑤] 刘华军、乔川成：《中欧大气污染的空间交互影响网络与双边合作治理——基于大数据因果推断技术的实证研究》，《统计研究》2021 年第 2 期，第 45—56 页；李倩：《跨界环境治理目标责任制的运行逻辑与治理绩效——以京津冀大气治理为例》，《北京行政学院学报》2020 年第 4 期，第 17—27 页。
[⑥] 李诗悦：《重大突发公共卫生事件跨界治理的伦理秩序重建——以新冠肺炎疫情为例》，《思想教育研究》2020 年第 4 期，第 20—25 页；张玉磊：《城市公共安全的跨界治理：属性特征、治理困境与模式构建》，《湘潭大学学报》（哲学社会科学版）2020 年第 6 期，第 32—38、129 页。
[⑦] Showler, A. T., "Proaction: Strategic Framework for Today's Reality", *New Strategies for Locust Control*, Birkhauser, Basel, 1997, pp. 461–465.

暴发过，捐助就一直在减少。① 这一研究印证了蝗灾防治中国际合作的巨大效用，但也对国际粮农组织的业务独立性、经费可持续性隐晦地表达了担忧。不幸的是，这一担忧在本案例中变成了现实。克劳德·佩洛金（Claude Peloquin）敏锐地提出了蝗灾防治的空间技术政治的属性，他借助史料研究二战期间非洲蝗灾中殖民者英国、"自由法国"之间以及与殖民地之间的合作与博弈，其视角虽然独到但时效性有限，尤其不涉及现代主权国家间的合作防治的经验与教训。②

因此本文尝试以2018—2021年中老两国跨国蝗灾防治为例，通过文献调查、追踪研究、专家访谈以及对中老两国民众的采访，借助三圈理论创造性地提出了"三圈混杂"分析框架，对问题表征、生成逻辑和对策进行了探讨。

二 理论工具调适：从"三圈理论"到"三圈混杂"分析框架

所谓"三圈理论"是指由美国哈佛大学肯尼迪政府学院的学者创立的关于领导者战略管理的一种分析工具，包括公共价值、组织能力、公众支持三个维度，公共价值是公共政策的首要因素和最终目标；组织能力是政策执行和战略规划过程中所应具备的基础能力和限制条件，主要包括人财物等资源；公众支持是政策的价值目标与所涉及的利益相关者的诉求、心里预期的一致性。根据三圈的交叠情况，学者们将项目与方案分为耐克区、我有一个梦想区、梦想项目区、风险项目区、他们的梦想区、噩梦区，制定不同的对策。③ 当下学术界对"三圈理论"的应用几乎都是放置在单一主体制定或执行公共政策的环境当中，难以解释公共治理场域中多主体的政策制定和执行问题。为此，我们将传统的"三圈理论"加以修正，结合边境病虫害防治，尝试性地提出"三圈混杂"分析框架。

---

① Allan T. Showler, "A Summary of Control Strategies for the Desert Locust, Schistocerca Gregaria (Forskål)", *Agriculture, Ecosystems and Environment*, Vol. 90, No. 1, 2002, pp. 97–103.
② Claude Peloquin, "Locust Swarms and the Spatial Techno - politics of the French Resistance in World War II", *Geoforum*, Vol. 49, 2013, pp. 103–113.
③ 罗红霞：《领导决策可行性论证的"三圈理论"及应用途径》，《领导科学》2015年第33期，第18—19页。

"三圈混杂"首先是价值圈的混杂，即治理主体间价值考量的内容和排序有的相同，有的相异，甚至相悖。在传统"三圈理论"中，"价值"一般是指当出台某一项政策方案时，要考虑其目标是否具有或能否创造公共价值，是不是以公共利益作为政策方案的最重要诉求。[①] 本案例中，中老共同防治蝗灾，减少各自国家的受灾面积，保证粮食安全，符合双方的公共价值毋庸置疑，但"汝之蜜糖，彼之砒霜"，价值考量的内容和排序具有相对性，不同的治理主体因经济、政治、社会、历史、文化等原因，对政策的价值诉求和判断常常并不一致。其次是能力圈的混杂，即治理主体的能力参差不齐，相同的政策出现不同的执行效果。在传统的"三圈理论"中，"能力"主要指财政能力、人力资本、技术能力、组织能力。本案例中，中国综合国力强，为老挝提供了经济、技术、物资支持，但是老方的财政能力、人力资本、技术能力、组织能力都相对较弱，直接影响了防治效果。最后是支持圈混杂，即不同的公众群体对政策表现出不同的态度，有的支持，有的反对，有的观望，有的冷漠，难以产生集体行动，甚至产生内耗和浪费。在传统的"三圈理论"中，"支持"主要指目标群体在多大程度上支持政策，本案例中，中国民众有"蝗口夺粮"的认知，有积极有序的行动，而老挝民众的态度则高度分化，研究团队在老挝首都万象进行街头调查时，民众大部分表示"不知道蝗灾的事情"，在灾区调查时，不少民众反对使用农药，大量民众去寺庙求神拜佛，而中老边境的老挝边民则又相对积极，甚至委托中方边民咨询和购买农药。

　　由此，我们提出"三圈混杂"分析框架，它由价值圈混杂、能力圈混杂、支持圈混杂三部分构成，是指当制定或执行一项公共政策时，尤其是涉及多元主体共同参与公共治理时，各主体在三方面产生局部相同，局部相异，甚至完全相悖的情况，从而影响政策制定和执行效果。"三圈混杂"是对"三圈理论"的探索性补充，适用于更加复杂的政策环境和公共治理场域。例如在本案例中，中老在蝗灾防治方面的价值观、能力与民众支持上均存在混杂现象。

---

① 曹俊德：《"三圈理论"的核心思想及决策方法论意义》，《国家行政学院学报》2010年第1期，第37—41页。

三　案例陈述

2020年，蝗灾席卷东非、东南亚、东亚多个国家，成为当年最受关注的全球性灾难事件之一。中国云南JC县与越南、老挝两国接壤，低山地貌，植被丰茂，是云南省畜牧基地之一。据2020年云南省统计年鉴，2019年JC县农作物总播种面积1.52万公顷，其中玉米1.24万公顷（占比81%）[1]，是典型的边境农业县。而以玉米为代表的禾本科植物，正是蝗虫的最爱。近年来，蝗虫多次从老挝入境JC县，JC县在从中央政府到地方政府的各大职能部门的财政支持、物资保障和业务培训下，通常灭杀1—2个批次的蝗虫，便能控制住蝗灾向中国境内纵深蔓延，但是2020年的情况明显异于往常。

2020年6月14日，边境传来了"老挝闹蝗虫"的风声。JC县植保植检站立马给边境监测员下达任务。6月28日，监测员正式报告，蝗虫已经飞越国境线。老挝一侧虫量巨大，竹林所剩无几，大量蝗虫不断向JC县方向飞来，Y自然保护区被蝗虫占据。蝗虫入境第二日，行动轨迹已长达50多公里。

通过接力式全程跟踪监测分析，此次蝗灾特点是：迁飞时间长、迁飞距离远、迁飞高度高、迁飞速度快、危害作物多、啃食程度深。这些情况远超预期，使得防治难度超过往常，信息、人力、物资、经费均受到严峻考验，需要高效协调。在中国国内，央地六级（部、省、市、县、乡、村）联动、职能部门（农业农村、林业和草原、交通运输、农科、气象、森林消防、宣传等）紧密合作，政企学社打出组合拳，形成如图1所示的国内蝗灾防治网络，历时数月，捕杀了八、九个批次后[2]，终于在入秋时成功控制了越境蝗灾。

2020年JC县迎战的蝗虫批次翻了4倍，每批蝗虫数量、速度和危害面积都远超往年，导致投入的人力、物力、财力都是往年的多倍。此次蝗灾还呈现出其他特征：第一，蝗虫呈现梯队推进特征，从老挝一批接着一批不断向JC县袭来。第二，蝗虫抗药性增强、敏感性降低。第三，蝗虫食

---

[1] 云南省人民政府：《云南省统计年鉴2020》，http://www.yn.gov.cn/zwgk/zfxxgkpt/fdzdgknr/tjxx/ntjnj/202012/t20201228_214800.html，登录时间：2021年7月21日。

[2] 因批次过于密集，难以明确区分，"八、九个批次"为受访者原话。

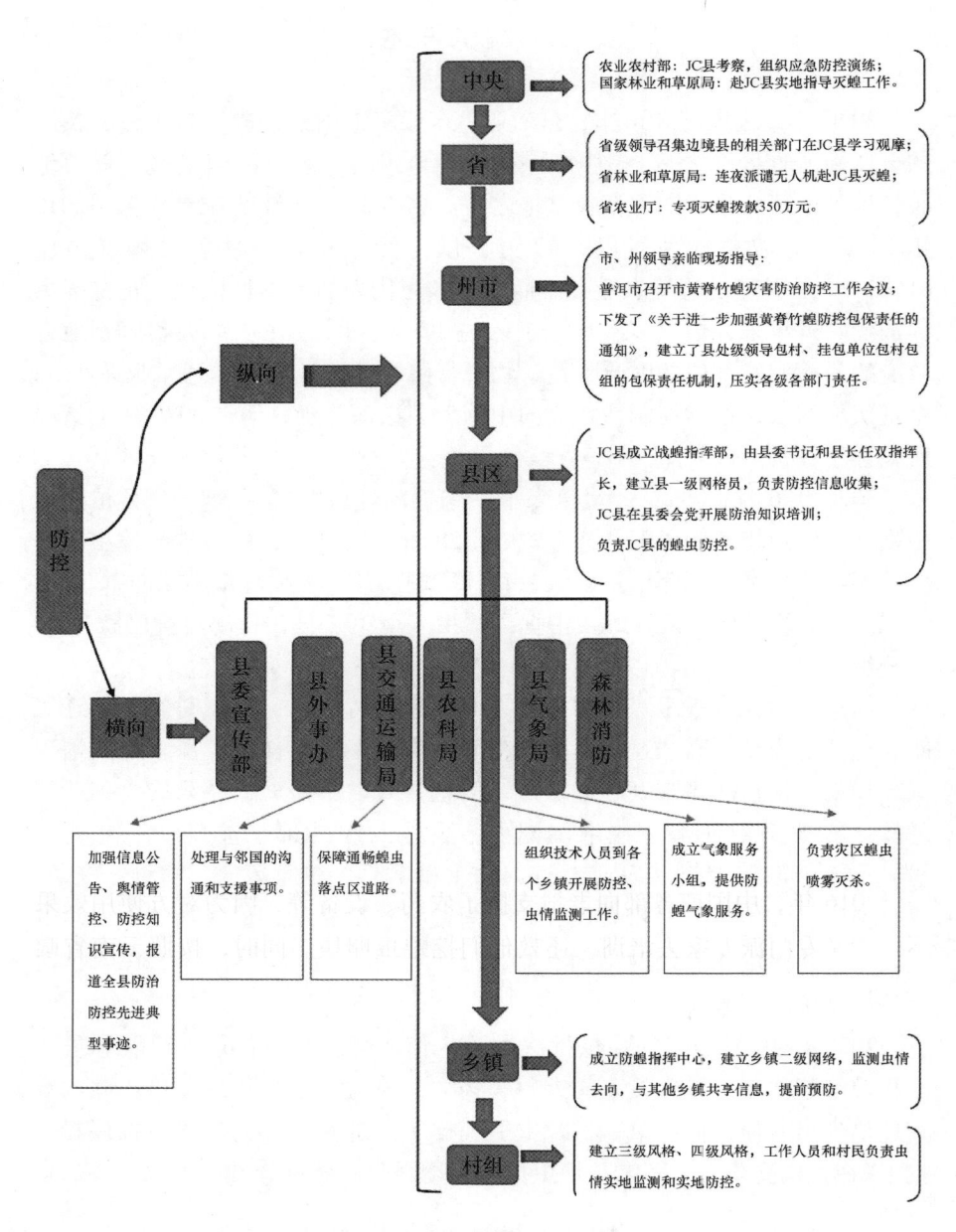

图 1 国内跨级跨部防控网络

性更杂，食物不再局限于禾本科植物。由此，有专家认为，蝗虫越境成灾，对云南来说是一个长久的威胁，何时出现也许只是时间问题。

据财新网2020年8月24日报道，老挝连续多年受蝗灾袭扰，从2014年便出现了严重的灾害，2015年老挝农业部门控制不住蝗灾，于是向中国政府请求技术援助。[①] 来自蝗灾灾区的老挝受访者汤农赛、张文、阿西接受了笔者团队的访谈，确认了这一事实。汤农赛来自琅勃拉邦，张文来自丰沙里省，阿西在外事部门工作，他们认为当地政府在防治上比较乏力：一是蝗灾暴发突然，没有做好相关防治准备；二是蝗灾暴发初期控制不力，导致虫情蔓延；三是蝗灾暴发后期防控资源不足，人、财、物都无法满足防控所需，导致防控效果较差；四是老挝还属于传统农业社会，农民对现代病虫害防治技术持怀疑态度，担心破坏生态，所以学习不力，行动消极，甚至转而向神佛求助。

这些问题导致老挝逐渐从蝗虫迁飞的"途经地""食物补给站"，逐渐变成"产卵孵化地""虫源地"，对中国的威胁逐年加大，从2015年到2017年中国从物资、培训等方面进行了大量跨境援助，但是2018—2020年援助一度出现波折，蝗灾进一步泛滥。

2015年老挝琅勃拉邦省丰团县、烟康县暴发蝗灾，老挝政府力有不逮，向中国驻老挝使领馆请求紧急援助，云南省政府批准了《云南省发展和改革委员会关于老方请求我方紧急援助消除蝗虫灾害处理意见的请示》，省农业厅及时作出安排部署，组织了由技术专家和机防队员组成的工作组，于2015年6月5日—6月14日赴老挝开展灭蝗技术援助。[②]

2016年，中国商务部向老挝支援了农药、设备等，因为对方使用效果不佳，又专门派专家去培训，还教他们挖蝗虫卵块。同时，按照云南省政府的安排及老挝农林部的邀请，云南省农业厅牵头组织，援助老挝防治黄脊竹蝗工作组于5月29日至6月6日赴老挝开展技术援助，与各县政府、农业局进行工作交流，了解各地防控情况，对各县的专业技术人员进行培

---

① 《在国境线迎战蝗虫》，财新周刊，2020年8月24日，https://weekly.caixin.com/2020-08-22/101595741.html，登录时间：2021年7月21日。
② 杨虹、屈天尧等：《云南援助老挝开展黄脊竹蝗专业化防治概述》，《中国植保导刊》2015年第11期，第80—81、75页。

训,进一步组织宣传带动农民科学防治。①

2017年,云南省再次受邀援助,工作组于5月15日至22日赴老挝。②

2018年,该援助项目处于停滞状态。据了解,老挝受到某国际组织影响,认为农药灭蝗破坏环境和影响出口,拒绝了中国援助,而后蝗灾泛滥,出现"火烧眉毛"的态势,又向中国提出支援请求。但由于此前拒绝受援,中央已经取消了相关预算安排,云南省缺乏出境援助资金,导致行动受限,项目再次启动存在时滞。

2020年虽然中国重启了对老挝的援助,但是受到新冠肺炎疫情影响,人员物资进出不畅,所以技术指导和物资援助都比较有限。

援助波折加剧了老挝的"虫源地"属性,近邻的迁移性病虫害风险一日不除,中国的边境农林和粮食安全便难以保障。果然,2021年4月,蝗虫再次从老挝入境云南,这次蝗灾不仅按照既往路线入侵了JC县,而且同时入侵了MJ县等地,不仅时间较往年提前了两个月,而且地点从"点式"入侵变成"线式"入侵,如果控制不力还可能变成"面式"入侵,治理成本激增已成必然,如果不能适时调整,蝗灾恐将波及更大区域。

四 中老蝗灾跨国防治"三圈混杂"困境的问题表征

(一)价值混杂导致共识不足

中国由于人口众多且耕地有限,习惯精耕细作,土地集约化程度高,讲究科学用药,除虫增产。老挝的价值认知与中国不同,一方面由于地广人稀,耕作方式粗放,许多地方仍然是刀耕火种、广种薄收的状态,不讲究高效高产,甚至为了总产量大量毁林开荒,造成森林生态的破坏,形成蝗虫产卵所需的大片板结土地,这是老挝从蝗灾途经地变成产卵孵化地、蝗灾频发的重要原因。另一方面,老挝在某国际组织的影响下,认为使用农药会影响粮食品质,影响出口,会对环境造成长久破坏,因此对农药的生产和使用都比较排斥。在1998前,老挝国内甚至不允许生产农药,农药

---

① 《云南省农业厅援助老挝防治黄脊竹蝗工作组赴老开展工作》,云南省植保植检站,2016年12月1日,http://www.ynzbzj.com/Item/208.aspx,登录时间:2021年7月21日。
② 《云南省农业厅援助老挝防治黄脊竹蝗工作组赴老开展工作》,云南省植保植检站,2017年5月26日,http://www.ynzbzj.com/Item/544.aspx,登录时间:2021年7月21日。

全部依靠进口，在 1998 年和 2000 年才对法规进行了修订，但目前仍然大部分依赖进口。中老价值混杂使得中国对老挝防蝗援助的效果大打折扣，部分年份不得不停滞。

无独有偶，对农药的顾虑和博弈也曾出现在 1943 年（二战期间）非洲西北部防治蝗虫的大会上，还曾因首因效应影响英属索马里兰的反殖民抵抗运动。这事关稀缺资源的可及性、毒性、家畜中毒风险可能引发的民众抵抗。当时的摩洛哥（法国保护国）作物保护负责人德弗兰斯（Defrance）先生声明：1942 年动物毒性小的氟硅酸钠在战役中耗尽，只好用毒性更强的亚砷酸钠，有很多动物中毒，尽管整体上对摩洛哥的经济影响不大，但主要是心理问题（与当地居民的感知有关）。摩洛哥更愿意接受 650 吨氟硅酸钠，然而如果不能交货，则可以接受 325 吨亚砷酸钠。他的英国同行鲍里斯·乌瓦罗夫（Boris Uvarov）反驳说：考虑到物资紧缺和运输成本高昂，建议使用毒性更强的亚砷酸钠，因为低毒的氟硅酸钠需要双倍剂量，双倍吨位。德弗兰斯重复申明摩洛哥更喜欢低毒的氟硅酸钠，但面对法国减少吨位的需要，它服从了。"很明显，使用亚砷酸钠是可能的，但我们必须克服许多局部阻力。"1945 年和 1950 年，非洲大陆另一边的英属索马里兰，反殖民抵抗因牛群被预防蝗虫的杀虫诱饵毒死而加剧。肆虐西北非的蝗灾尚未严重影响这里，但有关牲畜中毒的报道被怀疑为英国人破坏牧民生计的殖民阴谋，这导致对毒饵的暴力抗议，理由是"毒饵毒害了牲畜并感染了牧场和水源"（G. T. Fischer，反蝗虫运动官员，1945 年 6 月 5 日，引自 Mohamed，2002 年，p.190）。在全国各地，抗议者焚烧蝗虫控制营地和设备，袭击蝗虫控制官员；这些都受到反殖民抵抗运动的鼓励和引导。

拒绝中国援助后，老挝蝗情失控影响粮食安全，改变了老挝政府的价值排序，老挝于是再度向中国求援。2020 年虽然恢复援助，却又遭遇全球新冠肺炎疫情，防疫事关民众生命健康安全，相对于蝗灾防治而言公共价值更为凸显，助推了价值进一步混杂，因此人员物资流通受限。

（二）能力混杂产生防蝗缺口

中国国内在防治蝗灾时，能做到六级联动、部门协同、公私合作，人财物保障和调动得力。但是老挝山区地形复杂，开发程度不高，交通不便，政府财政能力与执行力、民众受教育水平和机械药品使用能力、社会物资储备都存在不足，对中方援助的物资和培训技术难以科学有效使用。国际组织的援助也受制于老挝自身的能力，援助失灵，蝗灾泛滥。于是出现中方努力"御蝗于国门"，而国门之外的老挝成为蝗虫产卵孵化地，蝗虫损害当地农林后，成梯队迁飞中国，不断消耗中方资源的困境。

（三）支持混杂引发行动不一

由于防治理念的差异，中老民众在药物灭蝗的支持度上迥然不同。中国 JC 县几乎达到了全民参与的程度，老百姓帮助观测报告蝗虫动态，帮工作人员背抬物资；科研人员积极开展研究指导实践；企业踊跃参与政府购买。但是老挝国内却出现了撕裂的场景，一方面是政府部门在大部分年份积极向中国学习防治技术和经验，并且引入相关药物器械防蝗，另一方面是大量民众反对农药的使用，消极学习防治方法，也不遵循培训的技术规范，甚至转向当地寺庙神佛求助。同时，部分老挝边境居民因与中方亲友互动较多，能够接受药物灭蝗，委托中方亲友咨询信息和购买农药，这也为我们提供了一些破解困局的启示。

五　"三圈混杂"困境产生的原因

（一）认识论原因：社会发展三阶段下差异化价值的共时性交互导致冲突，首因效应强化冲突

在中老跨境蝗灾防治中，三种不同的社会分型下主导性的价值观出现了交互与博弈。老挝属于传统的农业文明，刀耕火种，靠天吃饭，信仰神佛是大部分农民的生存状态；中国已经从传统农业社会转型为现代工业社会，奉行合理使用农药，控制病虫害，保障粮食安全的原则，"要科学、安全、合理使用农药，保障粮食安全，没有农药，粮食安全无从谈起"[①]；而由后现代社会的发达国家主导的国际组织秉持的是严格控制农药、实施生态种植的理念。欧盟部分成员国最早提出了减少农药使用量，以降低对

[①]《瞄准绿色引领农药创新》，《农业日报》2019 年 2 月 23 日。

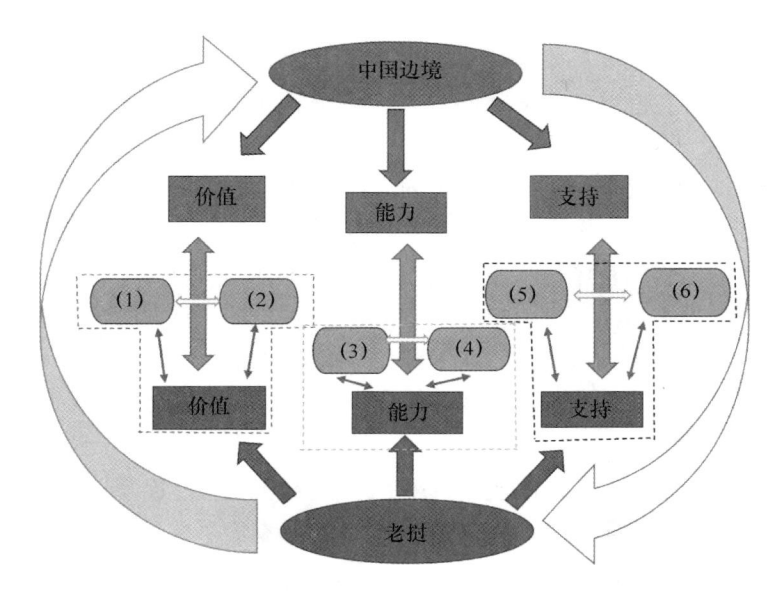

图 2　跨国防治"三圈混杂"结构图（自行绘制）

注：图中序号释义：
（1）拒绝使用农药，担心污染环境
（2）毁林开荒，造成生态破坏
（3）防治物资、资金、人员短缺
（4）中国支援的物资利用不充分，培训技术没有彻底实践
（5）相关部门人员积极向中国学习技术并引入相关药物器械
（6）民众反对农药使用，转而向"神明"求救

农业生态环境影响的理念。法国在 2008 年提出农药减量计划，目标在 10 年内农药使用量减少 50%。[①] 当三种价值同时作用于中老蝗灾跨国防治时，势必产生张力，甚至引发价值认同的混乱，影响相关主体的决策。老挝向中国"求助—拒绝受援—再次求助"的互动三部曲，其认识论根源就在于此。

与非洲西北部、索马里兰抗击蝗灾中的价值冲突一样，首因效应可能影响价值冲突的方向和剧烈程度。非洲两地都面临抗击蝗灾、反对殖民、对抗法西斯三项重要价值，非洲西北部由于蝗灾严重，已经影响粮食安

---

① 朱春雨、杨峻、张楠：《全球主要国家近年农药使用量变化趋势分析》，《农药科学与管理》2017 年第 4 期，第 13—19 页。

全，需要"蝗口夺粮"，而掌握了灭蝗技术与资源的"自由法国"有利于对抗蝗灾，一定程度上成了"过渡性的、建设性的科技慈善联盟"，其合法性大大提升。但是在英属索马里兰，英国"未雨绸缪"，为预防蝗灾大量设置毒饵，毒死了民众牛群而激起更加强烈的殖民反抗。两个事件最大的不同，就在于灭蝗的紧急程度不同，前者已经影响饭碗，后者尚在预防阶段，民众认为不一定发生，但牛群被毒死则是现实的损失，甚至被解读为毒死牲畜、感染牧场与水源，摧毁牧民生计的殖民阴谋，首因效应导致公众的价值排序不同，影响了态度。这对于中老跨国蝗灾防治也有类似的解释力，蝗灾不严重时抗拒农药灭蝗，威胁粮食安全时主动求助，这也从认识论上提供了对策线索。

（二）国际原因：国际组织干预失灵打断中老单向赋能链条的平衡状态但未能填补"空窗"

老挝"小国寡民"，人口有限，国内生产总值规模小，财政收入低，人口受教育水平低。中国相对而言实力强劲，而且有睦邻友好的传统，对老挝的求援历来积极回应。二者虽然能力悬殊，但在多年的蝗灾防治中形成了中老单向赋能链条，一度也曾关系平衡，援助有效开展。国际组织影响了老挝的认知和态度，导致其 2018 年拒绝了中方援助，打破了此前的平衡，但是却不能有效弥补中方被迫退出后形成的功能"空窗"。国际组织行动能力有限，成本约束明显，其先进的理念和有限的资源投入经过老挝政府能力这一中介变量后，与预期相比大打折扣，导致防治失灵。老挝态度转变三部曲的国际原因就在于此。

（三）互动原因：中方重科技帮扶轻交流引导造成支持不足

老挝政府求援获得中国支持后，老挝民众在接受培训、遵循指导、科学用药方面的表现参差不齐。中方技术员退而求其次，指导他们寻找集中产卵地挖掘卵块，以求减小后续蝗虫规模，也因工作劳顿导致配合度差。相对于中国 JC 县"消灭蝗虫才能保住饭碗"的政治高度下的全民动员与参与，其效果不可同日而语。相对而言，老方边民的支持度和主动性明显高于其内地民众，这说明了此前重科技帮扶、轻交流引导的传统援助路径需要反思和调整。

六 破解"三圈混杂"困境的对策

从长远角度和节约增效来看,中老跨国蝗灾防治的核心应该放在虫源地治理而非拦截杀灭。此前援助受挫的教训提示中方要改变援助思路,道器相济方可破解"三圈混杂"的困境。

(一)"四管齐下"营建价值共识

价值认同是两国能有效开展合作的主观前提。尽管两国在以往合作中有着共同目标,但是各自的价值内容和排序存在差别,使得2015—2018年三年援助付之东流。在国际公共危机治理越来越常态化的今天,加强沟通,争取价值共识更显重要。首先应该建立健全国际传播中的公共信息沟通机制,就公共信息沟通的主体、内容、方式、频率等,确立常态化工作机制,增进双方了解,减少误读。其次是组合并用活沟通形式,政府官方正式沟通、媒体专业沟通、大众民间沟通,各展所长。再次是强化重大事项合作发布,推进民众教育引导,积极赢得双方社会各界的了解、理解和支持。最后是构建中老边境农林部门常态化交流平台,建立中老突发性跨境重大病虫害响应与协作机制,促进决策者与执行者的价值认同与行动协同。

(二)将"物资+技术+人员"的直接援助改为激励赋能策略

解决能力短板是弥合两国行动效果的重要措施。目前看来,"物资援助+技术培训+人员支持"的传统直接援助策略效果有限,其软肋在民众认识和支持。但是共识构建尚需时日,而蝗灾预控时不我待,因此应当及时反思、评估和调整。例如评估往年援助成本,改变资源使用方式,以按比例补贴的方式,助推老挝政府多用市场方式,进行病虫害防治的政府购买,向包括中方企业在内的国内外企业外包蝗虫防治业务,中方将直接援助变为激励措施,借助国际国内企业的力量提升老挝政府的能力。在同样的支出规模下,采取资助效果更佳的防治方式,争取产生"乘数效应"。

（三）通过民间交往和物质激励争取民众支持

争取民众支持是两国跨境合作的要求。老挝边民受中方影响代购农药灭蝗的案例为我们提供了重要思路：首先，加强民间交往，展示中国防治蝗虫的成果动态，消除民众顾虑；科普农药的科学使用方法，转变其认知和态度。其次，以物质激励激发民众参与，可以补贴老挝政府、企业和非政府组织，对蝗虫集中产卵地线索进行征集和奖励，收购蝗虫卵块，减少来年的蝗灾生力军。由此逐渐将"御蝗于国门"转变成"御蝗于境外"。

综上，跨国蝗灾防治是一项涉及众多主体的，具有复杂性和艰巨性的空间技术政治问题，在治理过程中通常伴随着诸多难点与风险，需要跨国跨界协同。JC县在此次防蝗治理中，地域之间、政府与部门之间、公私之间合作得力，治理效果显著，但遭遇跨国合作"三圈混杂"的治理难题。通过探索问题表征和生成逻辑可知，只有化解了双方在价值理念、执行能力、民众支持上的混杂情况，才能保护中国边境农林和内地粮食安全。

The "Three Circles Mixed" of Transnational Locust Plague Control in China and Laos

Luo Hongxia   Wu Xian

Abstract In recent years, the locust infestation has repeatedly entered Yunnan, China, which caused an unusual degree of damage to various species of plants and posed serious threats to the agriculture and forestry in border areas, as well as the food security in inland areas. Thus, the prevention and control of the locust plague have gradually evolved into a complex problem of cross – border public governance. With the twists and turns of cooperation between China and Laos in locust control from 2018 to 2021, the locust situation is severe year by year, and the cost of control has doubled and the risk is high. This paper, starting from the case of locust plague prevention and control in JC County of China, through literature investigation, follow – up study, interviews with experts and the people from China and Laos, and are compared with the important international historical cases of locust plague control, creatively puts forward Three Circles Hybrid Theory analysis framework based on Three Circles Theoryand presents the dilemma and its reasons of cross - border prevention and control of the locust plague from three aspects - value circles hybrid, capability circles hybrid and support circles hybrid. The cause of the dilemma is discussed, and the cracking path is proposed. The symptoms of the problem are: mixed value leads to insufficient consensus; mixed capacity leads to a locust control gap, and support mixing leads to different actions. The epistemological reason is that the synchronic interaction of differentiated values under three stages of social development leads to value conflicts, and the primacy effect affects the conflicts; the international reason is that international organizations' intervention fails to interrupt the one - way enabling chain in Laos, China, and the reason for the interaction is that China attaches great importance to scientific and technological assistance to communication guidance. The countermeasures are to "three - pronged" consensus on construction value; change direct assistance of "materials + technology and personnel" into incentive empowerment strategies, and strengthen popular support with civil interaction and material incentives.

Key Words International Locust Plague Control; Three Rings of Mixed; Crack Path

Authors Luo Hongxia, School of Government, Yunnan University, Associate Professor; Wu Xian, School of Government, Yunnan University, Graduate Student.

"一带一路"视阈下中国与东盟东部增长区国家的经贸合作

支宇鹏　黄立群　杜方鑫

【摘要】东盟东部增长区四国是东盟的重要组成部分，这些国家的发展战略与中国"一带一路"倡议的对接正在推进。中国与东增区国家在商品贸易、直接投资和工程承包等领域开展了紧密的合作，但经贸合作仍面临诸多挑战和问题，比如国家间贸易便利化水平不高、贸易结构失衡、政治互信不强和投资风险突出等。尤其是2020年新冠肺炎疫情暴发，贸易保护主义势力抬头，中国与东增区国家经贸往来面临着新的不确定性因素的冲击。为进一步应对当前局势，应增强中国与东增区国家政策沟通协调，提高发展战略对接效率；推动基础设施联通，带动装备技术"走出去"；提升贸易便利化水平，消除非关税贸易壁垒；加快产业园区建设，优化双边产业结构互补。

【关键词】"一带一路"　东盟东部增长区　经贸合作

【基金项目】国家社科基金项目"'一带一路'背景下中国对东盟直接投资溢出效应及效率提升研究"（19XJL007）。

【作者简介】支宇鹏，广西大学经济学院，博士研究生；黄立群，广西大学广西创新发展研究院，讲师、博士；杜方鑫，华中科技大学经济学院，博士研究生。

东盟东部增长区（BIMP‐EAGA）（下文简称"东增区"），是东盟三个次区域合作组织之一，其成员国包括菲律宾、马来西亚、印尼和文莱。

2018年5月,李克强总理在东盟秘书处讲话时指出,"提升同东盟东部增长区合作,兼顾区域与次区域合作"。2018年11月,中国—东增区合作首次部长级会议在文莱召开。会议就升级合作达成的重要共识,将中国与东增区合作机制升级为部长级,审议通过《中国—东增区升级合作文件》,一致认为应充分对接"一带一路"倡议和《增长区2025年愿景》《东盟愿景2025》以及《东盟互联互通总体规划2025》。[①] 2019年11月,中国—东增区合作第2次部长级会议召开,审议通过《中国—东增区合作行动计划（2020—2025）》,明确提出深化贸易投资、基础设施、互联互通、经贸合作区、人力资源等领域的合作,共同把中国和东盟国家领导人重要共识转化为具体行动。[②] 然而,中国与东增区国家经贸合作仍面临着贸易便利化水平不高、贸易结构失衡、政治互信不强和投资风险突出等一系列问题,制约了中国与东增区国家经贸高质量发展。伴随全球新冠肺炎疫情暴发,贸易保护主义抬头的问题对中国—东盟区域经济合作产生了巨大冲击。本文基于当前时代背景,阐述中国与东增区国家经贸发展现状,探究进一步加强中国与东增区国家经贸合作的具体路径,以期为中国与东增区国家经贸高质量发展提供新的思路。

一 相关研究及问题的提出

东盟国家是中国推进"一带一路"倡议和国际产能合作的重点区域,而东增区国家国内生产总值占东盟整体经济总量的比重在60%左右,其在东盟区域内的地位不可忽视。为缩小地区经济差距、推进区域一体化发展进程,东增区国家加强了内部区域合作力度,该地区发展的内生动力强劲,发展前景值得乐观。[③] 有学者指出,中国参与东增区合作是对东增区

---

① 《中国—东盟东部增长区合作机制升级并召开首次部长级会议》,中华人民共和国商务部,2018年11月30日,http://www.mofcom.gov.cn/article/ae/ai/201811/20181102812081.shtml,登录时间2020年8月6日。
② 《中国—东盟东部增长区合作第2次部长级会议召开》,中华人民共和国商务部,2019年11月25日,http://www.mofcom.gov.cn/article/jiguanzx/201911/20191102916230.shtml,登录时间:2020年8月6日。
③ 李皖南:《东盟东增长区的发展与引资成效》,《东南亚研究》2007年第3期,第31—37页。

国家的邀请做出的积极回应,① 这能够进一步地扩展中国与东增区国家合作的利益基础,为构建"泛南海经济圈"注入新的发展动力②,助推自贸区向更高水平一体化发展。③ 从次区域合作视角看,中国与东盟国家次区域合作存在明显的不均衡。澜沧江—湄公河次区域涵盖了中国与中南半岛国家,而中国与其他东盟国家之间没有形成机制化的次区域合作安排。④ 虽然有学者认为泛北部湾合作是可以作为中国与东盟国家海上合作的次区域合作平台,囊括马来西亚、菲律宾、印尼和文莱四个国家,与陆上的澜沧江—湄公河次区域合作形成呼应,共同构成中国—东盟的全方位区域经济合作新格局。⑤ 然而,泛北部湾合作定位尚未明确,存在合作主体不够清晰、合作机制较为松散的问题,⑦这直接制约了中国与海上东盟国家的深入合作。现阶段,东增区国家对中国"一带一路"建设抱有较大的期待,谋求与中国开展多领域的次区域合作。对中国而言,加强与东增区国家合作是"一带一路"建设和国际产能合作的重要内容,也可以为泛北部湾合作提供明晰的合作支撑点和着力点,实现中国与东盟国家全方位区域合作的发展布局,进一步推进中国与东盟国家海上合作进程。由此可见,加强中国与东增区国家合作显得尤为重要。

经贸合作是中国与东盟国家合作的重要内容,也是推动"一带一路"建设的基础和先导,可以有效促进经济融合和产业互补,进而形成宽领域、深层次、高水平、全方位的合作格局。⑥ 中国与东盟国家的贸易和投资存在不对称依赖,⑦ 但在商品结构上存在互补性,双边贸易结构向均衡

---

① Green, D. J., *The Third Option for the South China Sea: The Political Economy of Regional Conflict and Cooperation*, Palgrave Macmillan, 2016.
② 许利平、吴汪世琦:《中国与东增区的合作现状、挑战及应对》,《太平洋学报》2019年第12期,第75—87页。
③ 张海琦、袁波:《深化中国—东盟自贸区合作的总体思路与措施》,《国际经济合作》2013年第7期,第38—42页。
④ 王玉主:《关于进一步推进泛北部湾经济合作的几点思考》,《东南亚纵横》2018年第2期,第3—5页。
⑤ 古小松:《泛北部湾区域经济合作的难点与突破》,《当代亚太》2009年第3期,第22—35、21页。
⑥ 高虎城:《深化经贸合作 共创新的辉煌》,《人民日报》2014年7月2日。
⑦ 陈秀莲、陈兰舟、于吉梅:《"一带一路"倡议下中国—东盟贸易和投资依赖敏感性与脆弱性研究》,《亚太经济》2020年第2期,第91—99页。

化发展，投资领域向高技术产业演进。[1] 中国与东增区国家在自然资源、基建交通和人力资源等方面的合作带动了双方的经贸往来，可以改善地区对外国直接投资（OFDI）的吸引力和人民的生活质量，增进国家间人文交流。从国别视角来看，中国与马来西亚的阶段性发展目标相似，产业发展的对接空间巨大，在经济和非经济领域的交流合作发展迅速；[2] 中国与文莱存在很强的区域优势和互补性，在石油、农业和海洋资源合作领域具有很大的发展空间和潜力；[3] 中国与印尼的经贸关系日益密切，在农业科技、农业产业投资和农产品贸易等方面存在良好的合作基础，[4] 但战略对接欠具体、渠道不畅通等深层次问题阻碍了双边全方位合作。[5] 菲律宾在基础设施建设和产业能力提升等方面存在迫切需求，双边在矿产品、农产品、装备制造等领域的贸易互补性较强。[6]

通过对相关研究文献的梳理，可以更为深刻地认识到加强与东增区国家经贸合作的必要性和重要性，但学术界对中国与东增区国家经贸合作的关注度不足，相关研究文献不多，且尚未有文献从次区域角度研究中国与东增区国家经贸合作，缺乏对中国与东增区国家经贸合作进行深入分析。在新冠肺炎疫情的背景下，全球经济面临诸多不确定性，加强与东盟等"一带一路"沿线重点区域的合作显得更为重要，而强化与东增区国家经贸合作可以作为中国—东盟全方位合作的新切入点和增长点，对于稳定和深化中国与东盟国家政治经济关系具有重要的作用。因此，有必要深入研究中国与东增区国家经贸合作现状，明晰双边经贸合作面临的机遇和挑战，进一步挖掘中国与东增区国家的经贸合作发展潜力，打造中国与东盟次区域合作的新样板，切实推进中国与东盟国家经贸高质量发展。

---

[1] 王鹏飞：《"一带一路"引领下中国—东盟贸易结构演进及发展策略》，《商业经济研究》2019年第6期，第128—131页。

[2] 赵江林：《中国与马来西亚经济发展战略对接研究》，《亚太经济》2018年第1期，第27—33、145页。

[3] 潘艳勤、云昌耀：《当代中国—文莱的经贸合作与人文交流：一个初步的研究》，《东南亚纵横》2018年第6期，第40—46页。

[4] 张中元：《中国与印尼的农业产能合作研究》，《国际经济合作》2017年第4期，第86—92页。

[5] 潘玥：《"一带一路"背景下中印尼合作：成果、问题与对策》，《战略决策研究》2018年第9期，第60—77、107页。

[6] 陆建人、蔡琦：《"一带一路"倡议下中国与菲律宾的经济合作》，《国际经济合作》2017年第3期，第12—19页。

二　中国与东增区国家经贸合作现状

（一）双边贸易规模持续增长

2002 年，中国与东盟国家签署了《中国与东盟全面经济合作框架协议》，启动中国—东盟自由贸易区（CAFTA）建设，加强和增进双方之间的经济、贸易和投资合作，促进货物和服务贸易，逐步实现货物和服务贸易自由化。如图 1 所示，2003 年中国与东增区国家的进出口贸易总额为 401 亿美元，2018 年双边进出口贸易总额已经达到 2434 亿美元，占当年中国与东盟贸易总额的 41.4%，为 2003 年双边进出口贸易额的 6.07 倍，其中中国与马来西亚进出口贸易额突破 1000 亿美元关口，与印尼进出口贸易额达到 770 亿美元。受到 2008 年金融危机的冲击，2009 年中国与东增区国家进出口贸易额出现明显下降，除与文莱的贸易额出现逆势上涨，中国与马来西亚、印尼和菲律宾的贸易额均出现不同程度的下滑。2013 年后，受全球经济结构调整的影响，中国与东增区国家进出口贸易额再次出现下滑，其中与马来西亚和印尼进出口贸易出现负增长，持续到 2016 年才逐步恢复。从进口和出口贸易额上看，2003—2013 年中国对东增区国家进口贸易额高于出口贸易额，而 2014—2018 年中国对东增区国家进口贸易额始终低于出口贸易额，主要原因是中国提出"一带一路"倡议，深入推进产业结构转型升级，提高对外开放和外向型经济发展水平。总体上看，中国与东增区国家进出口贸易额年增长率存在波动性，但进出口贸易总量基本保持增长态势，贸易领域的发展空间较大。2020 年，全球贸易市场受到了前所未有的挑战，然而中国同新兴市场，尤其是东盟市场进出口贸易却未受太大影响。其中，上半年中国与东盟双边贸易额达到了 2.09 万亿人民币（约合 2978.9 亿美元），同比增长 5.6%，占中国外贸总值的 14.1%，东盟正式超过欧盟，成为中国第一大贸易伙伴，[①] 其中马来西亚成为中国在东盟国家中第二大贸易伙伴，仅次于越南。中国与东增区国家贸易规模持续增长，双边贸易

[①] 《中国—东盟贸易快报：上半年东盟稳居我第一大贸易伙伴地位》，中华人民共和国驻东盟使团经济商务处，2020 年 7 月 16 日，http：//asean.mcfcom.gov.cn/article/jmxw/202007/20200702984160.shtml，登录时间：2020 年 9 月 15 日。

发展潜力较大。

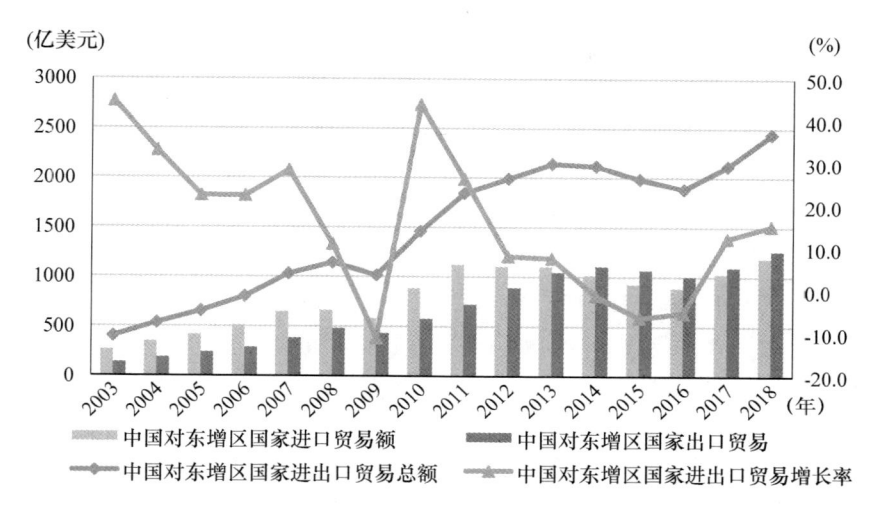

图1 2003—2018年中国与东增区国家进出口贸易情况

资料来源：联合国贸易数据库（UN Comtrade Database）。

（二）贸易商品结构总体稳定

1. 中国对东增区国家进口贸易结构

如图2，从进口贸易结构①上看，东增区国家出口产品主要集中在SITC7（机械和运输设备）、SITC3（矿物燃料及润滑剂等）和SITC2（粗材料），其中SITC7（机械和运输设备）进口商品额达509亿美元，占比达到45.8%。相关专家和学者一般将部门0—4划归为初级产品部门，而部门5—8划归为工业制成品部门。中国对东增区国家进口主要以工业制成品为主，但进口比重存在明显的交替上升下降的波动性特征。在工业制成品方面，2003年东增区国家的出口比重为73.9%，而2017年的出口比重仅为66.9%。2003—2018年，SITC5（化学品及其制品）和SITC6（材料制

---

① 根据《国际贸易标准分类》（Standard International Trade Classification，SITC），国际贸易商品分为SITC0—9共10大类，其中SITC0为食品与活动物；SITC1为饮料与烟草；SITC2为粗材料（不包括燃料）；SITC3为矿物燃料、润滑剂及相关物质；SITC4为动植物油、油脂及蜡；SITC5为化学制品及其制品；SITC6为材料制成品；SITC7为机械与运输设备；SITC8为杂项制品；SITC9为未分类的其他商品。

成品）的进口比重基本保持稳定，而 SITC7（机械和运输设备）进口比重波动性较大，也导致中国对东增区国家工业制成品进口比重出现同步震荡。在初级产品方面，东增区国家在初级产品部门具有一定的比较优势，特别是动植物油脂、矿物燃料以及农林产品等领域。由于中国—东盟自由贸易区建设的推进，中国与东盟国家间逐步实施农产品零关税措施，东增区国家初级产品的出口比重明显增长，2017 年初级产品出口比重达到 33%，其中 SITC3（矿物燃料和润滑剂等）出口比重增幅明显。东增区国家劳动力、资源等生产要素较为丰富，在劳动密集型和资源密集型产业具有比较优势。而中国已经建立相对完备的工业体系以及完善的配套能力，可以对初级工业产品进行配套加工以提高其附加值，这使得中国与东增区国家工业制成品的产业内贸易发展较为密切。

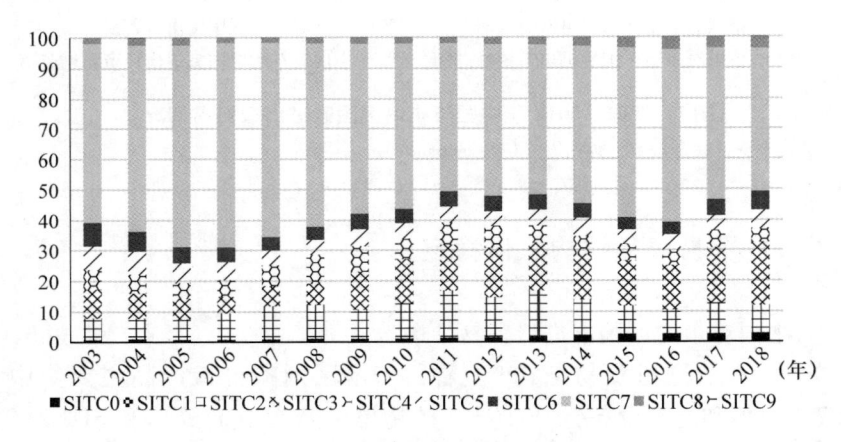

图 2　2003—2018 年中国对东增区国家进口贸易结构情况（%）
资料来源：联合国贸易数据库（UN Comtrade Database）。

2. 中国对东增区国家出口贸易结构

在出口贸易结构方面，与进口产品结构类似，主要以工业制成品为主。如图 3，中国对东增区国家出口商品主要集中在 SITC7（机械和运输设备）、SITC6（材料制成品）和 SITC8（杂项制品），其中 2018 年 SITC7 商品出口额为 500.9 亿美元，占比重达 39.8%。中国是工业大国和制造业大国，拥有较为完善的工业产品生产体系，在工业制成品领域具有较大优势。2018 年，中国对东增区国家的工业制成品出口额为 1134.6 亿美元，占其对东增区总出口额的比重在 90.2% 左右。在初级产品方面，中国对东增区国家的初级产品出口比重较小，2018年中国对东增区国家初级产品出口占其对东增区国家总出口额的比重仅为9.7%。从动态的角度来看，2003年至2018年中国对东增区国家工业制成品比重明显提高，SITC7的出口比重呈现先下降后上升的趋势，SITC8的比重则呈现存在"U"形发展态势，而SITC6的比重稳中有升。在初级产品方面，中国对东增区国家初级产品出口比重出现波动性下降，2003年SITC0和SITC3部门的出口比重分别为9.24%和7.1%，2018年这两部门出口比重均大幅下降，分别为4.7%和3.8%。2020年上半年，中国同东盟国家，尤其是经济较为发达的东增区国家，集成电路进出口整体发展活跃，其中进口同比增长23.8%，出口同比增长29.1%，集成电路贸易成为当前不稳定国际环境下稳固双边贸易往来的重要基石，并占整个上半年对东盟进口总值的24.2%，出口总值的7.8%，拉动了中国与东盟贸易增长3.2个百分点。① 总体上看，中国对东增区国家出口贸易结构差异性较小，主要贸易产品比重基本保持稳定。

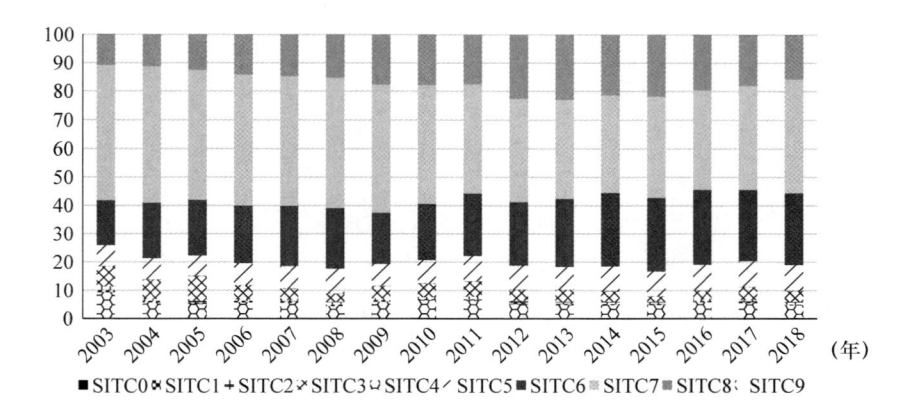

图3 2003—2018年中国对东增区国家出口贸易结构情况（%）

资料来源：联合国贸易数据库（UN Comtrade Database）。

---

① 《东盟成为我国第一大贸易伙伴 进出口延续增长》，中华人民共和国国务院新闻办公室，2020年7月14日，http://www.scio.gov.cn/xwfbh/xwbfbh/wqfbh/42311/43225/zy43229/document/1683475/1683475.htm，登录时间：2020年9月15日。

(三) 双边直接投资水平不均衡

1. 中国对东增区国家直接投资

随着"一带一路"倡议的实施,中国企业"走出去"的步伐加快,对外投资意愿和规模都明显增强。如图4,中国对东部经济增长区国家的直接投资存量和流程均呈现较大幅度增长,直接投资存量年平均增长率超过40%。2007年,中国对东增区国家直接投资存量为10亿美元,流量仅为0.72亿美元。在"一带一路"倡议实施后,中国对东增区国家投资出现明显增长,2018年直接投资存量达到222.5亿美元,流量为35.7亿美元。从投资比重上看,中国对东增区国家直接投资占对东盟直接投资的比重存在波动性,最高的年份为2005年,存量占比为27.8%,流量占比为47.3%。2018年,中国成为马来西亚和菲律宾第一大投资来源国,并跃升为印尼第三大投资来源国。由于东增区国家资源禀赋存在不同,中国对东增区国家直接投资领域存在差异。文莱油气资源丰富,中国企业对文莱直接投资主要为石油化工领域。2018年,浙江恒逸集团在文莱投资建设了大摩拉岛综合炼化厂,总投资金额达150亿美元,实现800万吨原油加工能力。马来西亚经济发展基础较好,中国企业对该国直接投资持续增长,主要投资领域为制造业、房地产业和建筑业等;印尼劳动力成本较低,自然资源丰富,2018年中国企业对该国直接投资存量为128亿美元,主要投向制造业、采矿业等领域。由于菲律宾腐败、社会治安等问题相对严重,中国对该国直接投资较少,2018年直接投资存量仅为8亿美元,主要涉及矿业、制造业和电力等领域。中国对东增区国家直接投资呈现增长态势,且投资的领域较为多元,但由于不同国家经济、社会发展情况不同,中国对东增区国家的投资领域存在明显差异。

2. 东增区国家对中国直接投资

中国拥有广阔的国内市场和完整的产业链,是全球经济增长的重要引擎,这对跨国公司有非常大的吸引力。在东盟国家中,新加坡对中国直接投资占比非常高,而东增区国家对中国直接投资规模非常小,且占比极低。如图5所示,2003—2018年东增区国家对中国直接投资呈现先上升后下降的趋势,其中仅有2007年和2009年对中国直接投资流量超过12亿美元。从东增区国家对中国直接投资额占中国利用直接投资总额的比重来

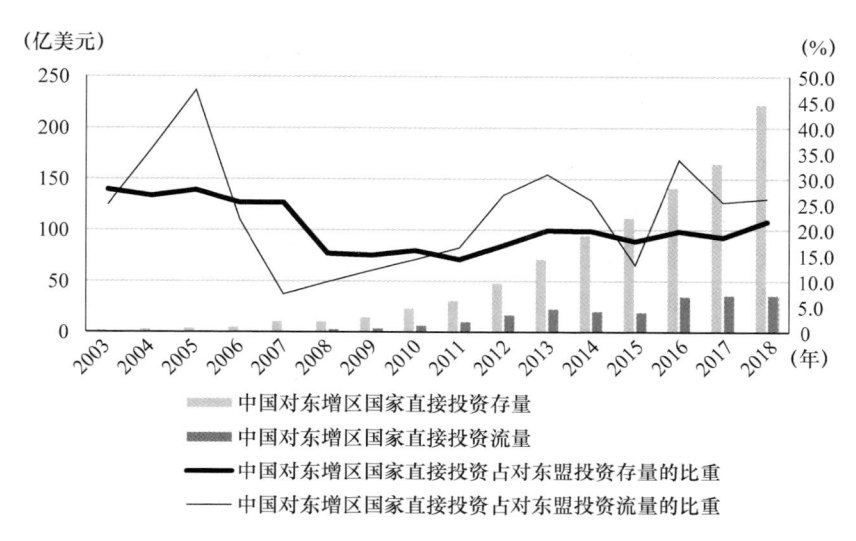

图 4　2003—2018 年中国对东盟东部经济增长区国家投资情况

资料来源：中国历年《对外直接投资统计公报》。

看，占比最高的年份为 2007 年，为 1.7%，最低的年份为 2017 年，仅为 0.1%。2018 年，中国实际利用东增区国家直接投资额为 2.82 亿美元，其中马来西亚投资额占比高达 75%。东增区国家对中国的直接投资依赖度较高，而这些国家对中国的直接投资较少，二者双向直接投资存在明显反差，这直接影响了中国与东增区国家产业合作深度，进一步制约了双边贸易高质量发展。2020 年东盟各国对华直接投资同样发展迅速，上半年已超过 36.3 亿美元，其中东增区国家马来西亚成为东盟对华直接投资三大投资来源国之一。

在新冠肺炎疫情全球大流行面前，中国同东盟，尤其是东增区国家双向直接投资依然稳中有升，成为当前彼此经济发展的重要增长点。在当前特殊时期，各国经贸合作面临着诸多风险挑战，但是中国和东盟各国仍然是守望相助，值得信赖的好邻居、好伙伴，双边稳定且快速增长的贸易和直接投资，成为彼此共担风险挑战的压舱石。

（四）工程承包量明显增长

中国在基础设施建设领域积累了丰富的技术和管理经验，越来越多的

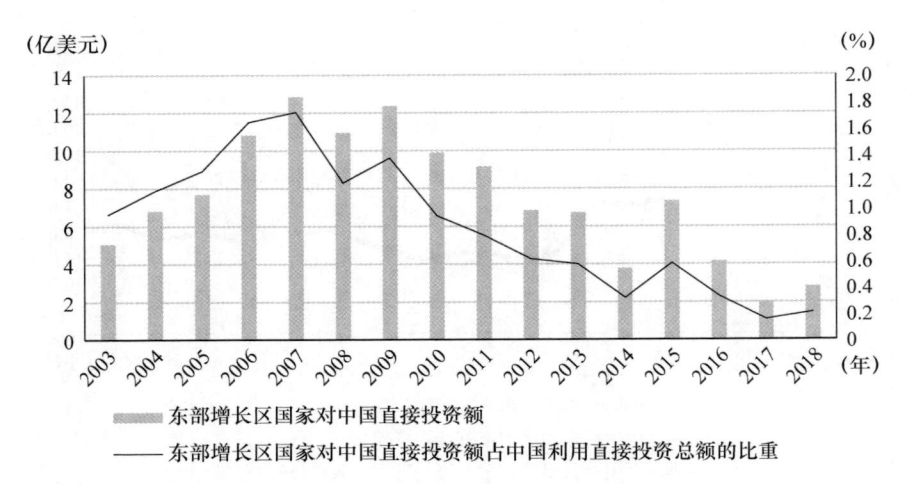

图 5　2003—2018 年中国对东盟东部经济增长区国家投资情况

资料来源：国家统计局。

企业"走出去"开展工程承包合作，也加快了中国先进装备技术"走出去"。如图 6，中国参与东部增长区国家工程承包业务量持续增长，2004 年中国对东增区国家工程承包完成额仅为 6 亿美元，而 2018 年的工程承包完成额已达到 174 亿美元，为 2004 年工程承包完成额的 29 倍，其中 2017 年中国对马来西亚工程承包完成额超过 80 亿美元。东增区国家处于工业化初中期阶段，谋求顺利实现产业结构转型，将基础设施等领域建设放在首位，这为中国企业开展国际产能合作提供了机遇。2017 年，中国中铁公司组建中印尼高铁承包商联合体签署了印尼雅万高铁项目总承包合同（EPC），涵盖设计、采购、施工总承包等多个环节，合同金额约为 47.01 亿美元。2018 年，中国能建承建的乌鲁都东水坝项目承担坝区主体工程完工，并顺利移交文莱政府，为文莱经济增长提供水源储备。2019 年，中国参与建设的马来西亚东海岸衔接铁道（East Coast Rail Line，ECRL）计划再次启动，预计 2026 年竣工，将有力地深化双边经贸合作。中国公司在菲律宾的工程承包量逐年攀升，涉及燃煤电站、港口、风力和太阳能发电等多个领域的工程项目。2020 年上半年，中国企业在东盟新签工程承包合同额 228.5 亿美元，完成营业额 132.6 亿美元，其中东增区国家中的印尼、菲律宾和马来西亚成为中国在东盟的前三大工程承包市场，① 这进一步说明了工程承包成为中国同东增区国家重要的经贸合作领域，双边合作空间较为广阔。

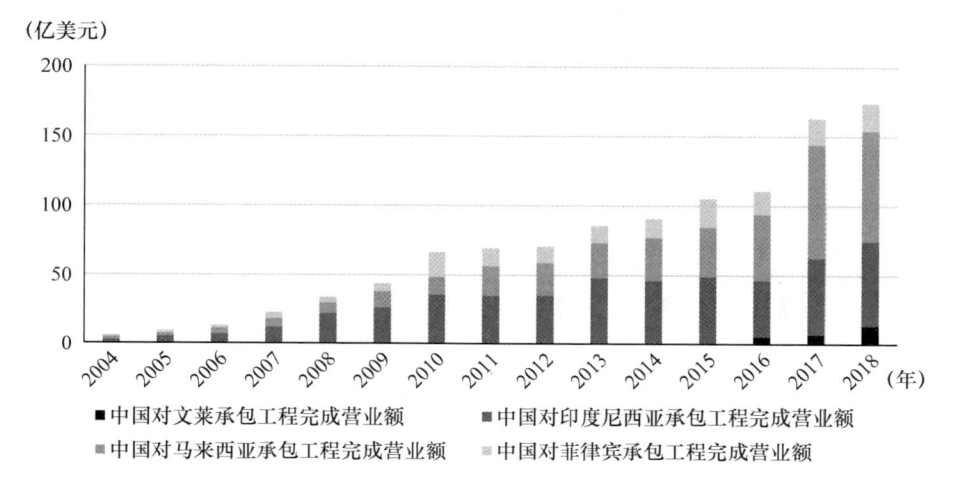

(亿美元)

图6 2004—2018年中国对东增区国家工程承包完成额情况

资料来源：中国统计局。

三　中国与东增区国家经贸合作的机遇

（一）中国与东增区国家顺利实现发展战略对接

2013年，中国国家主席习近平在印尼国会的演讲中首倡共建"21世纪海上丝绸之路"，致力于打造更为紧密的中国—东盟命运共同体，这得到了东盟国家的一致认可。政策沟通是"一带一路"倡议的重要领域，其发展要义之一是以对接为主要方式。② 2020年是中国—东盟数字经济合作年，本次合作年以"集智聚力共战疫 互利共赢同发展"为主题，将在双

---

① 《2020年1—6月中国—东盟经贸合作简况》，中华人民共和国驻东盟使团经济商务处，2020年7月31日，http://asean.mofcom.gov.cn/article/o/r/202008/20200802988613.shtml，登录时间：2020年8月2日。

② 梁颖、陈乔：《加强政策沟通 推动21世纪海上丝绸之路建设》，《宏观经济管理》2018年第10期，第69—75页。

边数字化防疫抗疫、数字基础设施建设和数字化转型等方面合作创造出更大机遇。目前，中国已经与文莱、马来西亚、印尼和菲律宾顺利实现战略对接，为深化经贸合作奠定了基础。

1. 文莱

2008年，文莱提出了"2035宏愿"，围绕着将文莱打造成一个具有高质量基础设施、高素质人才的东盟区域贸易、加工和中转中心而进行规划，①旨在改变经济结构单一的现状，实现多元化产业支柱。2016年，中国外交部部长王毅与文莱苏丹哈桑纳尔会面时表示，双方将保持高层交往，推动"一带一路"倡议同"2035宏愿"更好对接，提升能源、基础设施建设等重点领域合作，推进广西—文莱经济走廊建设，拓展文化、教育、卫生、旅游等人文领域交流，为战略合作关系不断注入新内涵，夯实两国友好的民意基础。②"一带一路"倡议和"2035宏愿"的战略对接得到了两国最高领导人的肯定，并且两国有望在基础设施建设、科技、农业和第三产业领域展开广泛的合作。

2. 马来西亚

马来西亚是最早响应"一带一路"倡议的沿线国家，也是共建"一带一路"早期收获最丰硕的国家之一。2016年，马来西亚提出了"2050国家转型计划"（TN50），将"工业4.0"纳入国家经济发展规划。2017年，两国领导人在会晤时表示，积极对接"21世纪海上丝绸之路"和马来西亚"经济转型计划"，继续加强"两国双园"同步建设和互动发展，稳步推进相关工业园、铁路等大项目合作。③ 在"一带一路"倡议下，中国与马来西亚已经在基础设施建设、服务业、制造业等多个领域展开合作，其中重点项目包括中马钦州—关丹产业园、东部海岸铁路工程以及南部铁路项目等。

3. 印尼

2014年，印尼提出了"全球海洋支点战略"，延续了原有的经济发展

---

① 马博：《文莱"2035宏愿"与"一带一路"的战略对接研究》，《南洋问题研究》2017年第1期，第62—73页。

② 《文莱苏丹哈桑纳尔会见王毅》，新华网，2016年4月21日，http：//www.xinhuanet.com/world/2016-04/21/c_1118699793.htm，登录时间：2020年9月26日。

③ 《习近平会见马来西亚总理纳吉布》，人民网，2017年5月13日，http：//world.people.com.cn/n1/2017/0514/c1002-29273592.html，登录时间：2019年9月27日。

规划，更加突出强调海洋的重要性，① 将该国发展重心逐步由陆地转向海洋，有效联通国内的上万个岛屿，着力打造沟通太平洋和印度洋的通衢。② "21 世纪海上丝绸之路"与佐科总统提出的"海洋支点国家""海上高速公路"规划高度契合。③ 2018 年，中国与印尼政府签署了"一带一路"倡议与"全球海洋支点战略"的谅解备忘录，双方加强在金融、电子商务和人文等领域的合作。

4. 菲律宾

2016 年，菲律宾提出了"雄心 2040"国家战略，将农业、制造业等列为首要发展领域，而改善基础设施则是实现以上目标的"第一要务"。2017 年，中国与菲律宾经贸联委会第 28 次会议提出，将加强"一带一路"倡议与菲律宾"雄心 2040"战略对接，为双方经贸务实合作提供更多发展机遇，加强中国与菲律宾制造业合作，鼓励中方企业对菲投资，积极参与菲律宾基础设施建设和民生改善工程。④

（二）中国与东增区国家贸易结构存在明显互补性

本文采用于津平和王金波的显示性比较优势指数（RCA）与综合贸易互补性指数来衡量中国与东增区国家的贸易结构互补性。⑤ 如表 1，在东增

---

① 张洁：《"一带一路"与"全球海洋支点"：中国与印尼的战略对接及其挑战》，《当代世界》2015 年第 8 期，第 37—41 页。
② 刘畅：《试论印尼的"全球海洋支点"战略构想》，《现代国际关系》2015 年第 4 期，第 8—13、61 页。
③ 金英姬：《中国与印尼发展战略的对接与经济合作》，《太平洋学报》2016 年第 11 期，第 31—42 页。
④ 《商务部：加强"一带一路"倡议与"菲律宾雄心 2040"战略对接》，新华丝路数据库，2017 年 3 月 8 日，https://www.imsilkroad.com/news/p/13588.html，登录时间：2019 年 9 月 28 日。
⑤ 综合贸易互补性指数的公式：$C_{ij} = \sum_k [C_{ij}^k \times (W_k/W)]$，其中 $C_{ij}^k = RCA_{xi}^k \times RCA_{mj}^k$ 表示 i 国出口与 j 国进口在 k 类产品上的贸易互补性指数，$RCA_{xi}^k = (X_{ik}/X_i)/(W_k/W)$ 表示 i 国出口 k 类产品的贸易比较优势，X_{ik} 是 i 国 k 类产品的出口额，X_i 表示 i 国所有商品出口总额，W_k 表示 k 类产品的世界出口总额，W 表示所有商品的世界出口总额，$RCA_{mj}^k = (X_{jk}/X_j)/(W_k/W)$ 表示 j 国进口 k 类产品的比较劣势。一般而言，一国出口产品类别与另一国主要进口产品类别越吻合，互补性指数就越大，相反，一国出口产品类别与另一国主要进口产品类别越不对应，两国间的互补性指数就越小。

区国家中，中国与文莱和菲律宾之间存在较强的互补性，互补性指数均大于1，与马来西亚和印尼的互补性指数小于1。相比2007年，2018年中国出口与马来西亚、文莱进口贸易互补性指数略有下降，其余东增区国家进口贸易互补性指数均呈现明显上升。从具体商品贸易类别上看，中国出口与东增区国家进口贸易互补性主要集中在SITC6（材料制成品）、SITC7（机械和运输设备）和SITC8（杂项制品），说明中国在工业制成品领域出口与东增区国家具有较强的互补性优势，产业合作发展潜力较大。在初级产品方面，中国初级产品出口与东增区国家进口贸易互补性水平较低，除SITC0（食品与活动物）互补性指数略高外，其他初级产品部门互补性指数均小于0.5。

表1　　　　　　中国出口与东增区国家进口贸易互补性指数

	文莱		印尼		马来西亚		菲律宾	
	2007	2018	2007	2018	2007	2018	2007	2018
SITC0	1.269	0.805	0.913	0.644	0.461	0.425	0.633	0.703
SITC1	0.466	0.120	0.085	0.113	0.065	0.098	0.081	0.129
SITC2	0.040	0.038	0.361	0.212	0.196	0.167	0.137	0.077
SITC3	0.021	0.072	0.295	0.183	0.088	0.157	0.170	0.131
SITC4	0.056	0.063	0.016	0.041	0.082	0.201	0.040	0.177
SITC5	0.331	0.304	0.599	0.668	0.361	0.500	0.324	0.445
SITC6	1.893	3.304	1.122	1.914	1.100	1.367	0.709	1.593
SITC7	1.433	1.358	0.887	1.110	1.844	1.542	1.892	1.628
SITC8	2.082	1.285	0.527	0.957	0.995	1.177	0.614	1.066
SITC9	0.006	0.003	0.000	0.029	0.034	0.035	0.004	0.002
总体	1.139	1.136	0.709	0.898	1.032	0.981	0.964	1.029

资料来源：联合国贸易数据库（UN Comtrade Database）。

如表2，相比2007年，2018年中国进口与马来西亚、印尼和菲律宾出口贸易互补性指数均略有下降，而与文莱出口贸易互补性指数明显上升。从具体商品贸易类别上看，东增区国家出口与中国进口贸易互补性主要集中在初级产品领域，涉及SITC2（粗材料）、STIC3（矿物燃料和润滑剂等）以及SITC4（动植物油等）。值得注意的是，在SITC3类别中，文莱、马来西亚和印尼石油资源丰富，其中文莱是东南亚主要产油国和世界主要液化天然气生产国,这些国家出口与中国进口互补性指数高于1。同时,印尼和马来西亚是油脂产品的主要出口国,2007年以来印尼成为世界最大的棕榈油生产国,而中国是棕榈油消费大国,已成为印尼棕榈油的进口大国。[①] 2018年中国与印尼和马来西亚在动植物油脂等领域互补性极高,互补性指数分别达到21.948和9.936。由于马来西亚和菲律宾制造业能力较强,集成电路、机械零部件生产和电子产品制造业等领域发展迅速,与中国在这些领域的产业内贸易较为密切,互补性水平较高。总体而言,东增区国家出口与中国进口存在互补性的领域主要以初级产品和能源密集型产品为主,以工业制成品为辅。

通过分析可以看出,中国与东增区国家贸易结构存在明显的互补性。中国与东盟国家在资源禀赋、产业结构和生产能力等方面各有所长,形成了一定的产业分工格局。[②] 这些互补性特征不仅为中国与东增区国家经贸高质量发展奠定了基础,也为深化双边产业合作提供了新的契机。

表2　　　　中国进口与东增区国家出口贸易互补性指数

	文莱		印尼		马来西亚		菲律宾	
	2007	2018	2007	2018	2007	2018	2007	2018
SITC0	0.003	0.017	0.243	0.617	0.108	0.268	0.189	0.515
SITC1	0.000	0.002	0.096	0.401	0.089	0.194	0.092	0.441
SITC2	0.094	0.218	13.011	7.252	2.663	1.898	2.776	2.78
SITC3	6.168	8.658	1.642	2.218	0.923	1.482	0.180	0.161
SITC4	0.001	0.001	36.311	21.948	26.303	9.936	6.124	3.113
SITC5	0.003	0.277	0.567	0.460	0.603	0.562	0.203	0.147
SITC6	0.017	0.051	0.869	0.750	0.451	0.474	0.385	0.292
SITC7	0.045	0.075	0.421	0.360	1.544	1.301	2.202	1.944
SITC8	0.136	0.054	0.797	0.640	0.651	0.521	0.667	0.456
SITC9	0.002	0.039	0.009	0.323	0.021	0.197	0.006	0.532
总体	0.845	1.217	1.275	1.097	1.109	1.009	1.123	1.027

资料来源:联合国贸易数据库(UN Comtrade Database)。

---

① 林梅、王艺蓉:《新丝路倡议下印尼投资的新机遇及策略》,《亚太经济》2015年第4期,第74—82页。
② 唐文琳、范祚军:《中国—东盟双边贸易结构分析与政策建议》,《中国流通经济》2005年第7期,第44—47页。

（三）东增区国家谋求加快基础设施互联互通

《东盟互联互通2025》提出，在可持续基础设施建设方面，东盟每年至少需要1100亿美元投资以提高基础设施生产力和边际效应。东增区国家岛屿众多，各地区经济发展水平不均衡，互联互通能力不足。基础设施缺口严重制约了经济发展，无法有效满足贸易规模增长需求、经济网络化需求和区域开发需求。[①] 如表3，《国际竞争力报告》表明，除马来西亚基础设施较完善外，其他东增区国家的整体基础设施得分和排名均较低，其中2018年菲律宾的交通基础设施水平排名仅为第102，远低于东盟平均水平。普华永道2014年预测认为，印尼是东盟国家中最大的基础设施投资潜在市场，在2025年之前基础设施投资有望达到年均1650亿美元，马来西亚450亿美元、菲律宾270亿美元。[②]

东增区国家在国家发展规划中均谋求加快基础设施建设，改善本地区营商环境，为国家经济转型发展提供支持。在"全球海洋支点"战略中，印尼强调在基础设施建设方面优先规划海上基础设施，如海上高速公路、深海港和航运业等。印尼政府计划在2020年至2024年投入高达4120亿美元发展经济，其中60%的投资将用于与交通相关的基础建设项目，17%用于能源项目，10%用于灌溉项目。[③] 马来西亚致力于发展成为东南亚的主要转运枢纽，并将加强基础设施建设纳入"第十一个国家发展计划"中。菲律宾政府将在2017年到2022年的六年间投资1633亿美元进行基础设施建设，涵盖道路、桥梁、机场、铁路、港口、防洪设施等各个领域。[④] 值得注意的是，2019年印尼总统佐科宣布将迁都加里曼丹省，这为印尼经济多元化提供了机遇，可以有效发挥物流中心作用。文莱摩拉港最大码头长

[①] 金凤君、刘会远、陈卓、王姣娥、张正峰：《中国与东盟基础设施建设合作的前景与对策》，《世界地理研究》2018年第4期，第1—10页。

[②] 盛思鑫、曹文炼：《亚洲基础设施投资银行的地缘政治经济分析》，《全球化》2015年第1期，第49—60、110、132页。

[③] 《印尼政府未来五年拟加大基础设施建设投入》，中华人民共和国商务部，2019年5月20日，http://sg.mofcom.gov.cn/article/gclw/201905/20190502864300.shtml，登录时间：2020年5月10日。

[④] 《菲律宾推出"大建特建"基础设施建设计划》，新华网，2017年4月19日，http://www.xinhuanet.com/world/2017-04/19/c_1120836319.htm，登录时间：2020年5月11日。

度为 861 米, 水深仅为 12.5 米, 年吞吐量为 11 万标箱, 无法满足文莱未来发展需求, 港口基础设施存在较大发展潜力。①

表 3　　中国与东增区国家基础设施竞争力指数及排名　　（单位：分）

年份	基础设施水平	中国	菲律宾	马来西亚	印尼	文莱
2015	分数	4.728	3.435	5.506	4.188	—
	排名	39	90	24	60	—
2016	分数	4.706	3.374	5.416	4.241	3.883
	排名	42	95	24	60	78
2017	分数	4.657	3.429	5.458	4.524	4.314
	排名	46	97	22	52	60
2018	分数	77.9	57.8	78.0	67.7	70.1
	排名	36	96	35	72	58

注：2006—2017 年,《全球竞争力报告》基础设施打分范围为 1—7 分, 1 分为基础设施最低水平, 7 分为最广泛和有效水平;《全球竞争力报告 2019》对基础设施指标进行了调整, 打分范围为 0—100 分, 其中 0 分为最低水平, 100 分为最广泛和有效水平; 2015 年文莱基础设施质量数据和排名缺失, 未列入。

资料来源：历年《全球竞争力报告》。

四　中国与东增区国家经贸合作面临的挑战

（一）国家间贸易发展不平衡问题突出

中国与东增区国家长期存在贸易发展不平衡问题, 影响了双边贸易的持续稳定发展, 增加了贸易摩擦的可能性和不确定性。联合国贸易数据库的数据显示, 2006 年中国对东增区国家均存在不同程度的贸易逆差, 对菲律宾、马来西亚的贸易逆差分别为 119 亿美元和 100 亿美元, 对文莱和印尼的贸易逆差均在 1.3 亿美元左右。2018 年中国对马来西亚贸易逆差扩大为 174 亿美元, 而对印尼、文莱和菲律宾则为贸易顺差, 其中对菲律宾贸易顺差达 145 亿美元。2006—2018 年, 中国对印尼、文莱和菲律宾的贸易实现从贸易逆差到贸易顺差的转变, 且贸易顺差额持续增加, 对马来西亚的贸易逆差也呈现先增大后减小的态势。中国与东增区国家贸易额不断增

---

① 该数据为广西大学中国—东盟研究院课题组赴文莱实地调研所得。

长的同时，这种贸易顺逆差状态也在不断固化。值得注意的是，中国与东增区国家贸易不平衡的原因主要是中国与东增区国家贸易结构有差异。东增区国家主要向中国出口初级产品，一般贸易以矿产资源和橡胶、动植物油脂、热带水果等为主，其中马来西亚和菲律宾的机电产品出口比重逐年增长。中国主要向东增区国家出口工业制成品，以机电产品、机械设备、金属制品为主。2007—2018 年，中国对东增区国家工业制成品出口占对东增区国家出口总量比重均高于 86%，其中 2015 年占比达到 92%。由于贸易结构存在不平衡，中国与东增区国家间的贸易摩擦可能成为双边贸易高质量发展的隐患。中国贸易救济信息网数据显示，2002 年以来，东增区国家对中国发起贸易救济原审立案数量累计达到 67 起，其中马来西亚 21 起，印尼 44 起，主要集中在工业制成品部门，涉及化工产品、金属及金属制品、纺织等多个领域。新冠肺炎疫情全球大流行加剧了全球经济增长不确定性，各国陆续开始提高进口产品审核要求，对审批程序把关比往年更加严格，因此未来中国与东增区国家贸易发展不平衡现象，可能会引发更多的贸易摩擦，这对双边贸易高质量发展产生不利影响。

（二）国家间贸易便利化水平不高

中国—东盟自由贸易区建成后，所有商品基本实现零关税，完成了"以削减关税为主"的第一代贸易政策改革，正在向"以国际贸易的国内管理体制改革为主"的第二代贸易政策改革发展。① 在这一过程中，国家间海关程序、清关效率、物流运输和标准一致化等贸易便利化问题日益突出，成为深化双边贸易高质量发展的障碍。如表 4 所示，世界银行的数据表明，2018 年中国清关程序效率、海关手续负担等贸易便利化指标均明显优于东增区国家，但中国和东增区国家贸易便利化相关指数均处于较低水平，除中国货运安排能力较强外，其他贸易便利化指标分值小于经合组织成员国平均水平。由于海关检验检疫标准、程序和数字化处理能力存在差异，中国与东增区国家之间的通关效率不高，无法满足双边贸易产品进出口的现实需求。此外，中国与东增区国家贸易水平问题还表现在中国与东

---

① 沈铭辉：《金砖国家合作机制探索——基于贸易便利化的合作前景》，《太平洋学报》2011 年第 10 期，第 28—37 页。

增区国家在工业技术和产品标准制定、适用、管理和技术语言上存在多样化，使得中国与东增区国家在标准对接上存在难题。如文莱主要采用 ISO 国际标准，而中国与其他东增区国家既有自身工业技术和产品标准，也部分采用了 ISO 国际标准或者欧美国家的标准。

表4　　中国与东增区国家贸易便利化水平相关指标（2018）

贸易便利化指标	经合组织成员国	中国	文莱	菲律宾	马来西亚	印尼
清关程序效率	3.44	3.29	2.62	2.53	2.9	2.67
海关手续负担	5.03	4.6	4.0	3.0	5.1	4.2
贸易和运输相关基础设施质量	3.75	3.62	2.46	2.73	3.15	2.89
安排具有竞争力的货运难易度	3.42	3.54	2.51	3.29	3.35	3.23
追踪查询货物的能力	3.69	3.65	2.75	3.06	3.15	3.3

注：2018 年清关程序效率、货物和运输相关基础设施质量、安排具有竞争力的货运难易度和追踪查询货物能力指数的分值范围为 1—5，1 = 最差，5 = 最优；由于 2018 年海关手续负担指数缺失，本文列出 2017 年海关手续负担指数。其分值范围为 1—7，1 = 最差，7 = 最优。

资料来源：世界银行数据库。

（三）东增区国家的投资风险较为严峻

政治风险和经济风险是中国企业对东增区国家直接投资面临的主要风险，这直接影响了中国与东增区国家的经贸合作。在政治风险方面，东盟增长区国家的腐败问题、行政效率问题以及官僚主义作风不容乐观，存在较为严重的权力寻租现象。根据"透明国际"组织发布的《全球清廉指数 2019》数据，在所有参与测评的 180 个国家和地区中，菲律宾排第 113 位，马来西亚排第 51 位，印尼排第 85 位，文莱排第 35 位。由于家族式恩庇侍从网络取代了正式的政党制度，① 腐败与毒品、家族政治交织，菲律宾反腐形势依然困难重重。马来西亚和印尼等东增区国家也采取了一系列强有力的措施打击腐败，然而腐败和商业贿赂依然大量存在，马来西亚前总理纳吉布就因腐败问题下台，他在任期间华人团队曾多次爆发反政府游行示威，且马来西亚和印尼长期存在民族不平等现象，这些政治环境

---

① 林丹阳：《民主制度之"踵"：家族式恩庇侍从关系与菲律宾政治》，《东南亚研究》2018 年第 5 期，第 19—36 页。

不稳定性给吸引外资、开办企业、工程项目竞标和绩效评估等各个环节带来了负面效应。同时，东增区国家普遍存在行政效率低下问题，行政审批制度透明度不高，相关手续烦琐且业务办理时间长，对双边经贸合作产生了不利影响。2019年《全球竞争力报告》的数据表明，文莱和马来西亚的政府效率指数略高于1，而菲律宾和印尼的政府效率指数均小于0.2，处于较低水平[1]。在经济风险方面，汇率波动会影响企业直接投资交易风险和未来预期收益。东增区国家汇市均存在一定的波动性，马来西亚和印尼属于典型的外向型经济体，林吉特和印尼盾汇率的波动性更强，汇率的短期剧烈波动可能会给投资者带来较大损失。在东南亚金融危机后，菲律宾比索汇率多次出现"过山车"现象，2007年菲律宾比索对美元大幅升值达19%，2008年又大幅贬值，2012年出现稳步升值，而2016年后又逐渐贬值。[2]

（四）国家间政治与战略互信水平不高

中国与东增区国家在南海问题上存在不同程度的争议。[3] 在域外国家和一些非政府组织的挑拨下，"中国威胁论"在东盟仍有一定的市场。东盟部分国家和民众对中国日益增加的影响力存在担忧，对中国提出的"一带一路"倡议充满狐疑，对加强与中国的互联互通建设项目充满不安全感，已经影响到"一带一路"建设项目的落实。[4] 在全球经济复苏缓慢的背景下，加上新冠肺炎疫情冲击，这些国家贸易保护主义、民族主义以及反华势力可能再次抬头，少数政治团体和非政府组织可能会挑动民众的不满情绪，对中国与东增区国家经贸合作产生不利影响。同时，马来西亚与文莱存在海域划界纠纷，与菲律宾和印尼在西巴丹岛、利吉丹岛

---

[1] 在《全球竞争力报告》中，政府效率指数的取值范围为[-2.5, 2.5]，其中2.5为最高水平，-2.5为最低水平。
[2] 《对外投资合作国别（地区）指南》（2018版），商务部"走出去"公共服务平台，2019年1月29日，http://fec.mofcom.gov.cn/article/ywzn/dwtz/，登录时间：2020年5月10日。
[3] 陈相秒、马超：《论东盟对南海问题的利益要求和政策选择》，《国际观察》2016年第1期，第93—106页。
[4] 全毅、尹竹：《中国—东盟区域、次区域合作机制与合作模式创新》，《东南亚研究》2017年第6期，第19—40、156—157页。

问题上存在主权争端,而菲律宾与马来西亚还在沙巴主权问题上分歧严重。这些因素的存在不仅影响了中国与东增区国家间的政治与战略互信,也影响了东增区国家内部的政治关系,对深化中国与东增区经贸合作发展产生了不利的影响。2020年中美关系跌入冰点,而东盟国家多数信奉大国平衡外交战略,同中美两个大国均保持着友好合作关系,例如东增区国家中的菲律宾,一方面同中国有着密切经贸往来,另一方面又同美国展开密切的军事合作,在南海问题上与中国龃龉不断。未来中美两国会在南海继续展开博弈,而地处南海周边的东增区国家在大国博弈中的选择与态度至关重要,这将给未来中国东盟双边经贸往来带来新的挑战和不确定性。

五 深化中国与东增区国家经贸合作的政策建议

(一)增强中国与东增区国家政策沟通协调,提高发展战略对接效率

中国与东增区国家在经贸合作领域具有较大发展潜力,深入的政策沟通与战略对接是双边经贸合作的前提和保障。为更好地促进中国与东增区国家间的经贸关系,需要增强中国与东增区国家政策沟通,加强"21世纪海上丝绸之路"与东增区国家发展战略的对接效率。首先,在中国与东盟国家"10+1"框架下,将中国与东增区国家合作纳入泛北部湾次区域合作机制,着力打造中国与东增区"4+1"合作平台,构建以中国与东增区国家领导人会议为核心,以部长级会议、高官级会议、大使级会议和工作组会议为支撑的多层次、宽领域合作架构合作体系,增强政治互信,推进中国与东增区国家的政策沟通,将双边和多边的战略对接和共识转化为具有法律效力的国际规则。同时,要以2020年"中国—东盟关于新冠肺炎问题特别外长会"为契机,针对医疗卫生等重大安全事件建立起外长级别对话机制,共同商议对国际突发事件的应对措施,守望相助、共克难关,避免产生不必要的误会,为中国与东增区国家经贸关系高质量发展提供长期有效的制度保障。其次,发挥广西在"21世纪海上丝绸之路"和"西部陆海新通道"建设中的门户和枢纽作用,加强与东增区国家的发展战略对接,着力推动"广西—文莱经济走廊"建设,与中国—中南半岛经济走

廊有效衔接达到圈形"闭合"状态，以两个经济走廊联通中南半岛国家和东增区国家，为深化中国与东盟国家经贸高质量合作提供新的发展路径。最后，中国与东增区国家加快落实发展战略对接，推进法律规定、监管程序和技术标准等层面对接协调，确立优先和重点发展领域，加强和拓展实质性项目合作，扩大和深化在互联互通、农渔业加工和食品产业、旅游及社会文化交流、贸易和投资、电力和能源等领域的务实合作，充分利用2020年中国—东盟数字经济合作年带来的机遇，分享新材料、新能源、数字经济、电子商务等新兴产业的发展经验，提高中国与东增区国家产业合作深度和战略对接效率。

（二）促进中国与东增区国家贸易便利化，清除非关税壁垒障碍

贸易便利化合作可以有效简化贸易程序以降低交易成本，是促进中国与东增区国家经贸合作的重要途径。为此，中国与东增区国家应加强在应对非关税壁垒领域的交流沟通，促进货物和人员流动畅通，清除贸易物流链中涉及通关程序和贸易物流的行政性、机制性和物理性障碍，促进中国与东增区国家贸易便利化。第一，中国与东增区国家间应加强海关管理口岸合作，深入推进关检融合发展以及国际贸易"单一窗口"建设，对贸易信息进行集约化和自动化处理，实现海关程序一致化和区域贸易秩序规范化，以达到国际贸易数据共享和提高贸易效率效益的目的；[1] 第二，开展中国与东增区国家跨境电子商务合作，促进政府和企业间的信息共享，打通物流信息上下游数据链，实现跨境物流信息的无缝衔接，提高中国与东增区国家贸易便利化水平；第三，通过与亚太经合组织标准与一致性评价委员会（APEC SCSC）、东盟标准与质量咨询委员会（ACCSQ）和东盟国家标准化机构签署标准互认协议、制定共通标准、共同制定标准等形式实现标准对接融合，[2] 提高各行业国际标准采标率，优先推进落实动植物产品、纺织、机械和电子设备等工农业产品的标准互认；第四，在当前新冠肺炎疫情全球大流行时期，中国与东增区国家间应尤其注重加强商品检验

---

[1] 余益民、陈韬伟、赵昆：《中国与东盟跨境电子商务发展及对策——基于贸易便利化与国际贸易单一窗口的研究》，《经济问题探索》2018年第4期，第128—136页。

[2] 冯怀宇：《东盟标准化政策战略》，《标准科学》2018年第6期，第6—10页。

监督、动植物检验检疫和粮食食品安全等领域的合作，有效发挥标准通行证的作用，建立相对统一的检验检疫标准和实施细则，开展卫生检疫的学术交流与合作研究，促进检验监督人员的培训合作,[1] 提高双边贸易商品检验检疫和通关效率，为保障双边人民生命安全设立起坚实屏障。

（三）推动中国与东增区国家基础设施联通，带动装备制造业"走出去"

基础设施互联互通有利于提高贸易便利化水平，从而扩大货物贸易量和降低贸易成本。菲律宾、印尼、马来西亚和文莱这样的岛屿国家，更重视港口经济和海上走廊建设。目前，中国与东增区国家基础设施互联互通不能满足发展需求，存在运输瓶颈与通道短板，容易形成"木桶效应",[2] 制约中国与东增区国家进一步提高贸易发展水平。如何解决这一问题对于深化中国与东增区国家经贸合作具有重要意义。第一，双边政府应加强沟通协调，开展"一带一路"倡议与《东盟互联互通总体规划》的深入对接，积极参与东增区国家公路网、海上基础设施、通信信息网络和能源基础设施等领域建设，提升中国与东增区国家基础设施互联互通水平和质量；第二，中国在基础设施建设、铁路、电力和通信等装备制造方面与东增区国家具有较强的互补性，应鼓励装备制造企业在东增区国家开展直接投资，发挥自身在资金、技术和人才等方面的优势，采取股权合资、联合建设、设立子公司等方式实施本土化策略，更加高效地参与本地区的基础设施建设；第三，加快推进中国与东增区国家间港口城市网络建设，同步规划、建设重要港口节点，扩大港口航运效率和集装箱吞吐量，实现港口之间的物流信息共享，增加广西北部湾港与东增区国家主要港口之间的航运线路，推动西部地区面向东增区国家铁海联运班列常态化，促进"西部陆海新通道"与东增区国家的有效联通。

---

[1] 毛艳华、杨思维：《21世纪海上丝绸之路贸易便利化合作与能力建设》，《国际经贸探索》2015年第4期，第101—112页。

[2] 王玫黎、吴永霞：《"一带一路"建设下中国—东盟港口建设发展研究》，《广西社会科学》2018年第6期，第82—86页。

（四）加快中国与东增区国家产业园区建设，优化双边产业结构互补

境外产业园区是落实"一带一路"倡议的重要构件，也是经济走廊和海上通道建设的有力支撑，可以与经济走廊、海上通道形成点面结合、相互促进的良好互动格局，实现中国与沿线国家的产业结构调整。由于新冠肺炎疫情全球大流行，传统的贸易、投资以及对外工程承包模式受到挑战，中国在东盟境外产业园区的发展，将在这段特殊时期搭起中国同海外国家经贸合作的桥梁，对稳定双边经贸关系起着至关重要的作用。目前，中国分别与东增区国家推动建设了中马钦州—关丹产业园区、中国印尼经贸合作区、中国印尼聚龙农业产业园区、中国印尼综合园区青山园区、华夏幸福印尼卡拉旺产业园区和文莱大摩拉岛经贸合作区。随着中国企业"走出去"步伐加快，产业园区将作为重要港口节点、临海开发区建设的腹地延伸，[1] 改变通道通而不畅的弱连接状态，降低企业的运输成本和时间成本，提升境外产业园区的投资吸引力以更好地促进双边经贸高质量发展水平。第一，坚持"共商、共建、共享"的合作原则，加强与东增区国家进行多层次对话沟通。借鉴中国—新加坡苏州工业园区经验，围绕政府间合作协议与所在国政府部门对接，就产业园区基础设施配套、土地政策、税收政策、劳动政策等进行谈判磋商，加强投资保护、园区建设权责、双重征税等方面的合作，明确东道国承诺的外国人员安置、外汇使用和汇率等优惠政策实施细则，共同解决经贸合作区建设和发展中遇到的问题，更好地促进中国与东增区国家产业园区的高质量发展。第二，在双边或者第三方市场合作机制下，总结"两国两园"的园区模式，立足于东增区国家产业发展需求，以资源整合型境外产业园区为承接平台，重点开展钢铁、有色、建材、电力、轻纺、汽车等领域合作，发挥中国的人才、资金和技术优势，利用生产成本、产业梯度差异和要素互补状况，[2] 打造一批产能合作示范项目，提高东增区国家制造业等领域的生产能力，促进

---

[1] 梁颖、卢潇潇：《打造中国—东盟自由贸易区升级版旗舰项目 加快中国—中南半岛经济走廊建设》，《广西民族大学学报》2017 年第 5 期，第 165—171 页。

[2] 高国珍、王海龙：《中国与中亚国家双边经贸合作潜力分析》，《国际经济合作》2015 年第 8 期，第 72—77 页。

中国与东增区国家产业内贸易合作深度。第三，依托境外产业园区，探索采用"一区多园"的发展模式，发挥中国企业在农业技术、资金和管理方面的优势以及东增区国家的农业资源禀赋优势，重点围绕水稻、棕榈油、木薯等粮食作物和经济作物，布局农业产业上下游环节，构建农作物种植、精深加工、仓储物流和推广销售为主的现代农业产业链，提高中国与东增区国家在初级产品领域的互补性，满足国内市场对农产品的多元化需求。

Economic and Trade Cooperation between China and BIMP-EAGA from the Perspective of "the Belt and Road"

Zhi Yupeng   Huang Liqun   Du Fangxin

Abstract BIMP-EAGA is an important component of ASEAN, and the synergy between their respective development strategies and China's "Belt and Road" initiative is moving forward. China and BIMP-EAGA have carried out close cooperation in the fields of commodity trade, direct investment and project contracting, but economic and trade cooperation still faces many challenges, such as low level of trade facilitation between countries, unbalanced trade structure, and weak political mutual trust and outstanding investment risks. With the outbreak of the COVID-19 epidemic in 2020 and the rise of trade protectionism, the economic and trade exchanges between China and BIMP-EAGA are facing the impact of new uncertain factors. In order to further promote the economic and trade cooperation between China and BIMP-EAGA, we should strengthen the communication and coordination of national policies between China and BIMP-EAGA, improve the docking efficiency of development strategies, promote infrastructure connectivity, promote the "going out" of equipment technology, enhance the level of trade facilitation, eliminate non-tariff trade barriers, accelerate the construction of industrial parks, and optimize the complementarity of bilateral Industrial structures.

Key Words　The Belt and Road; BIMP-EAGA; Economic and Trade Cooperation

Authors　Zhi Yupeng, School of Economics, Guangxi University, Ph. D. Candidate; Huang Liqun, Guangxi Research Institute for Innovation and Development of Guangxi University, Lecturer, Ph. D. ; Du Fangxin, Hust School of Economics, Ph. D. Candidate.

会议综述

Conference Review

新形势下东盟与东亚合作发展方向
——"2020 年东盟与东亚合作学术研讨会"综述

王玉主　赖彦洁

【摘要】2020 年 12 月 26 日，中国亚洲太平洋学会、中国社会科学院亚太经合组织与东亚合作研究中心联合主办的"东盟与东亚合作学术研讨会"在广西南宁召开，来自全国各地科研院所的 20 多位专家学者参会。本次会议主要围绕"东亚合作回顾与前瞻——成就、问题、出路""新一届美国政府的东亚政策——调整还是创新？""'一带一路'与东亚合作——对接还是融入？"以及"东盟在东亚合作中的地位——中心还是平台？"等前沿问题进行了探讨，本文对与会专家学者的观点进行综述。

【关键词】东亚合作　东盟中心地位　"一带一路"　区域全面经济伙伴关系协定

【作者简介】王玉主，中国社会科学院亚太与全球战略研究院区域合作研究室主任、广西大学中国—东盟研究院院长，研究员；赖彦洁，广西大学中国—东盟研究院，硕士研究生。

当前，全球政治格局发生变化，国际力量对比深度调整，世界正处于"百年未有之大变局"。进入 2020 年，新冠肺炎疫情的大流行、美国政府换届等事件给本就负重前行的东盟与东亚未来合作又增加了新的不确定因素。在此背景下，如何促进中国与东盟、东亚之间区域合作成为学术研究前沿、热点。以学术研究前沿、热点为导向，中国亚洲太平洋学会、中国社会科学院亚太经合组织与东亚合作研究中心于 2020 年 12 月 26 日在广西南宁联合主办了"2020年东盟与东亚合作学术研讨会",来自北京、山东、广东、云南、江苏等地科研院所的20多位专家学者围绕"新形势下东盟与东亚合作发展方向"主题进行了深入的探讨。

中国社会科学院亚太与全球战略研究院党委书记张国春在开幕致辞中认为,首先,2020年是不平凡的一年,新冠肺炎疫情对各国经济、国际贸易、国际价值链重构产生了深远影响。加之大国间能力的再分配导致国际局势不稳定,大国陷入修昔底德陷阱,中美贸易摩擦越演越烈,并有向科技战、金融战蔓延的势头。在中央制定的"十四五"规划和"2035愿景目标"中也提到当前要认识错综复杂的国际环境带来的新矛盾新挑战,增强机遇意识和风险意识,善于在危机中育先机、于变局中开新局,抓住机遇,应对挑战,促进国际国内双循环,推进贸易强国建设。这对研究东亚合作具有深刻的指导意义。其次,经历了8年漫长而曲折的谈判后区域全面经济伙伴关系协定(RCEP)终于在2020年11月正式签署,这是东盟成立近60年中里程碑式的成果,对进一步开放东盟与东亚合作有重要意义,但区域全面经济伙伴关系协定的签订到落实仍有很多具体的问题需要协商。在同一时间段的美国大选也吸引了全世界的关注。当前,学者们大多认为在拜登政府上台后虽会对美国对外政策进行调整,但中美战略竞争的整体态势不会改变。并且拜登将更多依靠同盟的力量与中国博弈。这也是当下研究国际关系、东盟与东亚合作的大背景。

张国春书记强调,在2020年第17届中国—东盟博览会和中国—东盟商务与投资峰会开幕式上,习近平总书记在致辞中提到未来东盟合作四点倡议(提升战略互信,深入对接发展规划;提升经贸合作,加快地区经济全面复苏;提升科技创新,深化数字经济合作;提升抗疫合作,强化公共卫生能力建设),这四点倡议对未来研究合作方向做出了有力的指引。在抗疫合作方面,尽管新冠疫苗已经研发成功,但乐观估计也需在2021年夏天后大规模的疫情才能真正得到缓解。而且需要注意的是,新冠肺炎疫情对全球产业链、价值链的重构和未来国际关系、合作机制变化都会产生深远影响。同时,在新冠肺炎疫情下也暴露了之前"一带一路"建设中的问题,包括大型项目的投资风险等。因此,未来我们还需要继续务实推进"一带一路"倡议下的中国—东盟合作,并且在研究东亚合作、区域全面经济伙伴关系协定时也应思考如何构建东亚、东盟命运共同体。

总而言之,在当今国际环境中讨论在"一带一路"倡议背景下如何务实地推进东盟与东亚合作,推进构建人类命运共同体,具有重要的学术价值和现实意义。

一 东亚合作回顾与前瞻——成就、问题、出路

(一) 东亚合作的成就、问题和出路

商务部研究院贸易研究所副所长竺彩华教授回顾过去东亚合作历程,从1997年金融危机东亚合作的启动,到"10+1""10+3""10+6""10+8"合作。目前来看,东亚区域合作最大的成就是其走出了一条独具特色且更加包容开放的区域合作的新路径。这个路径确保了区域内基本的和平和稳定,避免了美国和中国周边国家形成硬制衡联盟,给中国创造了一个和平崛起的战略机遇期。从地缘政治关系角度看,东亚地区集聚了最复杂的元素。自二战以来,东亚地区的大国竞争关系表现得最为集中。其中中国的崛起体现出了更多的元素,主要体现在与西方国家在政治、经济体制、意识形态、文化价值观念上都存在的巨大差异。东亚地区合作在区域内存在中国和日本间激烈的竞争,区域外还存在美国的遏制。在这些因素共同作用的基础上,东亚的合作在过去二十年能够维持地区的和平稳定,东亚特色在其中的作用功不可没。而东亚特色最重要的体现就是东盟的主导,而不是由中国或者日本主导。东盟的主导地位对于东亚合作十分重要。

东亚地区具有明显的开放包容的地区主义精神,区域全面经济伙伴关系协定也是开放包容的协定。从包容性来看,当今美国、欧盟等主导的全球经贸规则剥夺了发展中国家参与分享发达国家知识和发展红利的可能,发展中国家被排除在发达国家主导的全球价值链体系之外。而区域全面经济伙伴关系协定则最大限度兼顾了各方的需求,包括最不发达国家特殊差别待遇,原产地规则中区域成分、价值成分较低,同时也给不发达国家在经济、技术合作、中小企业等方面给予扶持,促进区域内包容性发展。从开放性来看,虽然短期内区域协定可能会造成对非成员的歧视,带来贸易投资扭曲的效益,但是长期看开放的区域贸易协定是支持多边自由贸易体系发展的重要基石。未来区域全面经济伙伴关系协定的成员也可能会向亚太甚至南亚扩展。

但是也有问题需要关注,首先是区域全面经济伙伴关系协定的签署是否可以顺利生效,2020年年末区域全面经济伙伴关系协定能够顺利签署得益于疫情下的危机驱动。新冠肺炎疫情期间东盟对中国的经济依赖度凸显,加之中国与东盟间的物质合作,产业链、供应链保障和有效的抗疫合作,进一步增强了东盟国家的签署意愿。同时,特朗普政府近年来实行"退群主义"外交政策,并且在2020年投身于总统竞选,对东亚地区关注降低,东亚国家与中国合作的压力也随之下降。但是,拜登政府在上台后大概率会重返亚太,这也加大了区域全面经济伙伴关系协定正式生效的不确定性。

因此,未来在发展东盟和东亚合作中主要需要克服"经济安全二元困境",即在经济上依赖中国,政治安全领域依靠美国。思考如何使东亚国家在与中国共享经济发展利益的同时减小其防范遏制中国的力度。竺彩华教授认为,虽然当前东盟已经成为中国的第一大贸易伙伴,并且在过去11年里中国始终保持东盟的最大贸易伙伴地位,但还需要进一步提升东亚国家对中国的经济依赖度。将"软制衡"运用在东亚外交中,相对于建立军事同盟的"硬制衡"战略,通过加强与东亚国家的经济融合、互利合作,提高经济依赖度,以此增加其制裁中国的成本。同时,从制度上与东亚国家相互绑定,如《东南亚友好合作条约》,"10 + 1""10 + 6"合作,这也是向东亚展示中国愿意在制度上接受它们的规范,不搞扩张主义,不追求霸权。同时,也要建立制度合作框架、继续坚持东盟中心地位、重塑包容性发展理念下的规则话语权。

(二) 新形势下东亚合作的发展方向

暨南大学国际关系学院华侨华人研究院院长张振江教授认为,在当今世界格局变化、西方与非西方力量变化以及中国"双循环"新格局背景下,未来区域合作将成为主流,甚至可能会超过全球化发展势头,东亚地区则是中国走出去的第一步。区域全面经济伙伴关系协定的签署是东亚合作的新成就,但由于中美两国竞争的白热化和态势的变化,其未来的不确定性较大。并且区域全面经济伙伴关系协定在内容和框架上基本延续了世界贸易组织(WTO)模式的正面清单,而西方发达国家主导的贸易规则如跨太平洋伙伴关系协议(TPP)则超越了世界贸易组织模式采用负面清单,因此在更高质量、更大范围促进经济开放和合作仍具有局限性。在未来的发展中要坚持东亚合作，坚持东盟中心地位。同时，从中国的经济实力和市场的核心地位看，未来不能固守于区域全面经济伙伴关系协定，要超越局部区域合作，走向全球。

外交学院亚洲研究所所长郭延军教授对当前东亚合作进行了梳理，认为当前国内对于区域全面经济伙伴关系协定的解读过于乐观，和东盟国家的认知存在差距。加之媒体的渲染，使得其他国家对此印象失真。在机制化的合作方面，今年的东亚合作领导人系列会议上东盟提出议案，未来将把东亚峰会打造成东亚合作的首要机制，这将使"10＋3"合作的定位有所调整。由于今年新冠肺炎疫情的暴发，东亚国家认识到开展务实合作仍是需要依靠区域的机制。2021年是澜沧江—湄公河次区域合作第五年。合作机制"五年陷阱"理论指出，合作机制在提出的前五年会高歌猛进，但是之后机制的合作动力和成效可能会出现问题。当前澜湄合作已经暴露出问题，比如越南和泰国对合作的态度转变，未来发展也面临着一定的困难。同时，由于美国政府换届在即，未来是否会继续以印太为主要抓手，施行印太战略也需要进一步深入研判。美国2020年5月发布的《对华战略指针》明确指出未来的中美关系是结果导向型，拜登政府上台后对东亚制度化的参与会进一步加强。中美权力转移，应更加积极地建立中美危机管理机制，构造国家形象，保持战略的耐心和大国的虚心。未来发展东亚合作要坚持支持东盟中心地位，支持其在东亚峰会中发挥主导作用，中国可以充分利用东盟平台实现自身利益，维持东亚合作进程，但要警惕形成排除中国的多边安全机制。

中国社会科学院亚太与全球战略研究院经济外交研究室主任王金波回顾了跨太平洋伙伴关系协议（TPP）和区域全面经济伙伴关系协定发展的进程，梳理了区域全面经济伙伴关系协定的内涵和各方的评价。王金波主任认为，当前中国不可高估区域全面经济伙伴关系协定的短期收益，也不可低估区域全面经济伙伴关系协定的长期效应。区域全面经济伙伴关系协定和跨太平洋伙伴关系协议相比缺少国有企业垄断、劳工、环境、监管一致性、透明度和反腐败章节。虽然货物贸易自由化程度达到91，但相比西方发达国家仍存在差距。在工业品贸易自由化方面，跨太平洋伙伴全面进展协定（CPTPP）的自由化程度也高于区域全面经济伙伴关系协定，并且区域全面经济伙伴关系协定在数字贸易领域仍有很大发展空间。但在区域全面经济伙伴关系协定中提及的 48 小时通关、快运货物易腐货物 6 小时通关和地理标识加快了区域供应链整合，将成为未来东亚区域合作新趋势。在原产地规则中的区域累计原则和原产地证书自我认证也有利于区域供应链、价值链的深度融合和发展。中美关系是影响东亚合作的最大因素，当今中国的实力还无法扛起全球自由贸易的大旗，虽然从国内生产总值看中国已达到美国的 70%，但如用科技实力加权中国仅能到达美国的 30%。未来还需进一步引入国家争端解决机制以维护中国海外利益安全，发展数据中心，维护数据主权。

二　新一届美国政府的东亚政策——调整还是创新？

（一）美国新政府将重拾和升级亚太再平衡战略

云南大学国际关系研究院院长卢光盛教授探讨了美国大选后对东亚政策的预估和判断。卢光盛教授认为，拜登政府上台后会整合奥巴马和特朗普两届政府的政治遗产，对华放弃接触政策，视华为战略对手。美国对东南亚政策将围绕对华战略竞争展开，加强对华地缘战略围堵成为基本政策基调，重拾和升级亚太再平衡战略，拓展东南亚地区的盟友以制衡中国，巩固对华围堵战线，构建亚太对华战略包围圈。在政治上，重振美国在亚太地区的主导地位。在安全上，增加美国在东南亚地区的军事部署。在外交上，强化与盟友的关系，提升结盟数量和质量。并且重归多边主义，借多边框架重新攫取经济领域霸权，增强美国对东南亚国家的经济牵制。强化元首外交，全方位升级与东盟国家关系，构筑覆盖政治、经济、人文等多领域的美国—东盟关系。进一步强调意识形态，加力价值观渗透，利用价值观外交、公共外交等手段将民主、人权等跟美国对东南亚的经济合作、经济援助进行挂钩。将意识形态工具武器化，在缓和经贸对华施压的同时加强东南亚地区对华的围堵。这样中国—东盟关系将面临空前的压力和有针对性的规则打压，"一带一路"倡议及周边外交也将受到严峻挑战，中国—东盟命运共同体或将遭受美国意识形态和实质行动双方面拆解。

（二）美国新政府短期聚焦于国内问题处理，长期持续对东亚施压

山东大学政治学与公共管理学院副院长刘昌明教授指出，拜登是一位经验丰富的外交家、政治家，要关注拜登政府上台后的可能的政策调整。是否会回归奥巴马主义、如何处理特朗普政府的政治遗产、什么是未来的政策重心是值得关注的焦点。刘昌明教授认为，由于美国国内新冠肺炎疫情严重、经济衰弱、政治分裂、民粹主义蔓延，拜登政府将更着重于国内恢复，但也会加强对东亚地区的关注以恢复其全球领导力。从美国民众基础、民族主义泛滥和国会结构角度看，拜登政府也难有政治创新。对华政策是美国东亚政策的核心，美国对华政策决定了美国对东亚其他国家政策的制定。在中国国力快速增强、新冠肺炎疫情下中国在国际格局中的影响和地位提升、中美矛盾凸显、美国社会反华情绪持续加剧的背景下，美国将保持对华战略竞争，将加大对中国全领域的打压和遏制。在经济上，中美贸易摩擦不会完全停止，美国或将重新进入跨太平洋伙伴关系协议谈判与中国主导的区域全面经济伙伴关系协定形成制度竞争。在军事上，将会调整印太和亚太地区军事部署，积极协调与盟国关系，利用意识形态手段强化对外同盟关系，推动与盟国以及相关国家的军事合作。

（三）"一带一路"面临的安全问题和保障途径

中国社会科学院亚太与全球战略研究院助理研究员刘乐从"一带一路"的安全保障角度出发，对安全维度的"一带一路"、"一带一路"安全保障的主要方式以及如何构建"一带一路"的安全保障体系进行了探讨。刘乐助理研究员认为，狭义上的"一带一路"安全风险包括武装冲突、恐怖袭击、有组织犯罪、群体性事件。当前主要的安全保障方式有市场化方式，即由安保行业的相关企业和人员提供安全服务；东道国方式主要是由海外项目的所在国提供安全保障；工作组方式，即项目相关国政府间以此形式协调安保事务和其他母国行动方式、国际协作方式、国际组织方式。在构建"一带一路"的安全保障体系方面，要坚持政府与企业并重、回应与预防并重、常态与应急并重、陆上与海上并重以及双边与多边

并重,并在此基础上考虑成本约束和边界约束,有效的安全保障应是有限度的,以防止安全保障行为造成更多的安全风险。

三 "一带一路"与东亚合作——对接还是融入?

(一)构建新发展格局、东亚合作和"一带一路"发展的"三角关系"

对外经贸大学国际经济研究院院长桑百川教授对构建新发展格局、东亚合作和"一带一路"发展的"三角关系"进行探讨。桑百川教授认为,长期以来中国一直保持国内市场为主、国际市场为辅的发展态势,进出口贸易依赖度均不足20%。从资本要素角度看,外商对华投资对国内生产总值的贡献最高点为1994年的2.57%,到2019年已降至0.99%,中国对外投资依存度最高点为2016年的1.75%,2019年已降至0.95%,说明中国的资本要素主要依存于国内市场。构建新发展格局是根据国内外经济发展阶段的环境变化,是为了重塑中国的国际竞争新优势所做出的战略选择。以此为基础避免美国等少数国家对中国围堵使中国处于孤立状态或建立"去中国化"规则。因此,在新发展格局下,中国需要进一步提高开放水平,通过培育新的国际竞争优势来参与国际经济合作,将东亚合作作为中国参与对外开放的重要立足点,以开放促进改革和发展。对于"一带一路"建设不能仅以服务世界或简单为世界提供公共产品为主要的思路,更重要的是应为中国发展营造一个良好的外部环境,确立以规则为基础,发展为导向的建设思路。而东亚经济合作中所取得的进展也可以为"一带一路"的建设提供相应的制度支撑,以此推进更多的国家实现"五通"。东亚合作和"一带一路"不是简单的融入关系,而是互相促进,实现规则的对接。

(二)"一带一路"与东亚合作是对接也是融入

江苏省社科院世界经济研究所所长张远鹏研究员回顾"一带一路"发展进程后认为,"一带一路"倡议对沿线国家贸易和投资增长促进作用明显。"一带一路"和区域全面经济伙伴关系协定既是对接也是融入,"一带一路"是一项倡议，以双边基础设施建设和直接投资为核心，目前面临着战略收缩，即将进入高质量发展阶段，但由于仅作为政策性规则，遇到经济下行周期或其他方面问题时受到的影响较大。当前，中美战略博弈，中国投资环境恶化，面临世界疫情控制难度大、各地的政府配套产业链断裂、偿还债务困难等问题，"一带一路"建设需要进行重大调整。而区域全面经济伙伴关系协定是多边的机制化的经济合作协议，以贸易协定为主，两者可以互相促进。东亚可以作为中国发展人力资源和规避贸易壁垒的跳板，应加强中国与东亚高端人才合作。疫情促使全球的价值链、供应链重组，区域全面经济伙伴关系协定将进一步促进东亚的价值链作用提升。

（三）借助"一带一路"和东亚合作积极构建东亚区域价值链

中国社会科学院亚太与全球战略研究院国际经济关系研究室主任张中元教授认为，在2017年第一届"一带一路"国际合作高峰论坛后，中国企业对外投资力度加大，中国产业转移对中国第三产业以及"一带一路"沿线国家的影响突出。但在新冠肺炎疫情和政策收缩的影响下，当前"一带一路"走出去的一些项目资金出现缺口，进程推进面临较大压力。因此当前主要保证重点项目，而一些项目将会延迟甚至取消。如今应从全球价值链和微观角度思考"一带一路"和东亚合作发展方向，通过市场层面的合作推动这两者的对接和融合。根据世界贸易组织预测，在新冠肺炎疫情影响下全球贸易将缩减约9%，而全球价值链在世界贸易中占比约50%以上，因此全球贸易的缩减必将影响全球价值链的发展。由于科技的不断发展，大部分的国家越来越追求将技术增加值部分留在国内。从全球价值链发展的驱动力来看，分为生产制造商驱动和购买方驱动。在生产制造商驱动的价值链中需要相应的技术能力、研发能力，这卡住了中国的脖子。而在购买方驱动的价值链中，中国的庞大市场和技术突破可以作为构建以中国为主导的价值链的优势基础。未来中国发展应坚持将供给侧改革作为主要的工作重点，解决"卡脖子"工程问题，构建自身完善的价值链。同时，借助于"一带一路"和东亚合作积极构建东亚区域价值链。

四　东盟在东亚合作中的地位——中心还是平台？

（一）东盟在东亚合作中的中心地位呈波动性变化

北京大学国别与区域研究院副院长翟崑教授认为，长期以来东盟在东亚合作中主导地位是波动性变化的，在受到大国主导或是争夺时中心地位会受到冲击。当前，区域全面经济伙伴关系协定的成功签署使东盟的中心地位"周期性回归"。但未来美国或将重返多边主义，争夺东亚地区主导权，这将给东盟中心地位带来冲击。因此，东盟可能将数字经济或印太秩序作为抓手维护其中心地位。不可否认的是，东盟成功地将中心地位衍生为道义问题，不支持其中心地位的国家是国际政治不正确、国际道义不正确。在研究中美在东亚地区的竞争博弈时，不能忽略东盟本身在发挥平台作用时所获得的权利，否则将会产生方向性错误。对于东盟中心地位是阶段性过渡性的结构还是一个长期稳定的结构，翟崑教授认为，只要东亚地区有大国博弈存在，就能够保证东盟平台长期稳定的结构。因此，中国仍需坚持支持东盟中心地位。

（二）边境问题的有效管理

云南省委党校省情与资政研究院院长刘小龙教授以在云南基层调研时遇到的边境管理问题为基础认为，边境问题错综复杂，各方利益交错其中，安全风险较大，管理难度较高，建立跨境经济区需要进一步健全边境管理机制，加强实地调研，协调相关部门共同管理。

厦门大学南洋研究院副院长范宏伟教授通过对边境和边民的管理问题有其特殊的历史因素与东盟中心地位的历史来源进行剖析后认为，当前中国与东盟之间仍存在政治互信问题，在未来构建东亚命运共同体仍需要加强与东亚地区建立政治互信。

五　结语

2020 年是不平凡的一年，新冠肺炎疫情的蔓延和美国新一届政府上台对全球经济发展、国际形势及未来东盟与东亚合作增加了新的不确定和不稳定性因素。全球政治格局变化，国际力量对比调整，当前世界正处于"百年未有之大变局"。如何总结经验进一步推动东盟与东亚合作发展，如何应对新一届美国政府的东亚政策，如何将"一带一路"倡议与东亚合作结合，都是中国在新形势下发展东盟与东亚合作需要关注和思考的问题。本次会议紧紧围绕"区域全面经济伙伴关系协定签署""美国政府换届"等动态与热点，对"一带一路"与东亚合作的未来发展路径进行了充分的讨论，为进一步发展东盟与东亚合作提出宝贵的思路和方向。

Development Direction of ASEAN-East Asia Cooperation under the New Situation—Summary of the "2020 ASEAN-East Asia Cooperation Seminar"

Wang Yuzhu   Lai Yanjie

Abstract On December 26, 2020, the Seminar on ASEAN-East Asia Cooperation, co-sponsored by China Asia Pacific Society and Research Center for APEC and East Asia Cooperation of Chinese Academy of Social Sciences, was held in Nanning, Guangxi. More than 20 experts and scholars attended the seminar. The seminar focused on "Review and Prospects of East Asia Cooperation—Achievements, Problems and Solutions", "East Asia Policy of the New US Administration—Adjustment or Innovation?", "East Asia Cooperation—Connecting or Integrating?", "the Position of ASEAN in East Asia Cooperation—Center or Platform?", and other frontier issues were discussed. This paper summarizes the views of the experts and scholars attending the meeting.

Key Words East Asia Cooperation; ASEAN Centrality; Belt and Road Initiative; RCEP

Authors Wang Yuzhu, Director of Regional Cooperation Department of

Institute for Asia-Pacific and Global Strategy of Chinese Academy of Sciences, Dean of China-ASEAN Research Institute of Guangxi University, Researcher; Lai Yanjie, China-ASEAN Research Institute of Guangxi University, Graduate Student.

附 录

Appendix

中国—东盟区域发展省部共建协同创新中心简介

中国—东盟区域发展省部共建协同创新中心的前身是中国—东盟区域发展协同创新中心。中国—东盟区域发展协同创新中心由广西壮族自治区人民政府主导，联合中共中央对外联络部、外交部、商务部、中国农业银行，由广西大学牵头，协同国内外重点高校、重要科研院所共同组建。中心以打造"国家急需、世界一流、制度先进、贡献重大"的中国特色新型高校智库为目标，致力于中国—东盟领域政治、经济、国防、外交等重大问题的合作与创新研究，培养"东盟通"特殊人才，服务"一带一路"倡议等国家政策。

中国与东盟的合作虽然取得了巨大的成就，但随着外部环境和外生因素的变化，新问题也层出不穷，严重影响和制约了中国与东盟国家在政治和经济领域的合作与发展。为加强对中国—东盟区域发展重大理论与实践问题的综合研究，为中国—东盟命运共同体建设、中国—东盟关系发展提供理论支持、政策咨询和人才支持，中心于 2015 年 3 月 15 日在北京举行了第二轮组建签约。

第二轮组建签约后的中国—东盟区域发展协同创新中心由 28 个单位构成。主要包括牵头单位广西大学，核心单位 10 家（云南大学、暨南大学、南开大学、对外经济贸易大学、西南交通大学、中国人民解放军国防大学战略研究所、中国社会科学院亚太与全球战略研究院、中国农业银行、中国出口信用保险公司风险研究中心、中国南海研究院），支撑单位 6 家（外交部亚洲司、外交部政策规划司、商务部亚洲司、商务部国际贸易经

图 1　中国—东盟区域发展省部共建协同创新中心组建签约仪式

济合作研究院、中共中央对外联络部当代世界研究中心、广西壮族自治区人民政府办公厅），成员单位 11 家［南京大学商学院、外交学院亚洲研究所、中央财经大学金融学院、中国人民大学国际关系学院、厦门大学东南亚研究中心、中国—东盟商务理事会、安邦咨询公司、东中西区域改革和发展研究院、广西国际博览事务局（中国—东盟博览会秘书处）、广西金融投资集团、中马钦州产业园区管委会］。2019 年 9 月，中国—东盟区域发展协同创新中心被教育部认定为省部共建协同创新中心（下文称"协同创新中心"）。

协同创新中心依据《理事会章程》要求，围绕中国—东盟命运共同体间"讲信修睦""合作共赢""开放包容"的建设目标，秉承"精简、高效"的原则，实行理事会领导，学术委员会对学术问题把关的中心主任负责制。

发展目标

中国—东盟区域发展省部共建协同创新中心的建设，将以国家和东盟区域发展的重大需求为导向，以中国—东盟全面战略合作伙伴关系发展中的重大协同创新研究任务为牵引，以服务中国—东盟区域发展实践和理论创新重大需要为宗旨，提升科研、学科、人才"三位一体"创新能力，优化国际问题研究全方位创新环境，努力将中心建设成为集科学研究、学科建设、人才培养、智库建设、体制创新于一体，世界一流的区域发展理论创新高地、政策咨询智库和人才培养基地，打造中国高校特色新型智库，使中国—东盟区域发展省部共建协同创新中心成为具有国际重大影响的学术高地。

● 科学研究

世界一流的区域发展理论创新高地。中共中央对外联络部、外交部、商务部和广西壮族自治区人民政府的共同支撑将在科研上体现创新。建立知识创新机制、体制创新机制，营造有利于协同创新机制形成的环境和氛围，打造中国高校特色新型智库。

● 学科建设

建成中国—东盟区域发展国家特色学科。在研究的过程中，协同创新中心将凝练学科方向，汇聚学科队伍，构筑学科基地，制定学科建设规划，创新研究成果，形成新学科课程基础，有计划地举办全国或国际学术会议、接受国内外同行参与相关项目研究，发挥对外学术交流窗口作用，努力将协同创新中心建成本学科的全国学术交流和资料信息高地。

● 人才培养

国际知名的创新型人才培养基地。"7校2院、2央企"的协同机制，并有5所高校作为成员单位加入，实现人才培养"需求与供给"对称，可以建立跨国家、跨学科、跨学校、跨领域的人才培养平台。

● 智库建设

国际著名的中国特色新型智库。中国—东盟区域发展省部共建协同创新中心科研团队的组建涉及党、政、军、学、研、企各行业，既有理论研究人员，又有实践部门的案例支持，科研成果的决策应用性将更加突出"政、产、学、研、用"一体化。机制创新、制度创新作为协同创新中心建设的关键，可以为人文社科领域科学研究开设试验田，在探索高等学校科研体制改革方面发挥示范和辐射作用。

平台与研究团队集成

中国—东盟区域发展省部共建协同创新中心围绕"讲信修睦""合作共赢""守望相助""心心相印""开放包容"中国—东盟命运共同体目标，加强10个创新平台建设。协同机制形成后，将集中形成6个研究团队。这6个研究团队集成，共有49支研究团队，分别由协同创新中心主任、首席科学家担任主要负责人，分布在 10 个协同创新平台。

协同创新中心打破协同单位原有界限，实行"校校协同""校院协同""校所协同"，以课题和任务为纽带，形成"你中有我、我中有你"的紧密型合作。为了充分调动协同单位的积极性和创造性，增强责任感，充分发挥协同高校在基本理论研究、人才培养、学科建设方面的优势，中共中央对外联络部、外交部、商务部和广西壮族自治区人民政府、中国社会科学院在科学研究、政策咨询方面的优势，以及中国农业银行、国家开发银行在现实案例、数据库建设方面的优势，我们对各协同单位在建设中的分工都有所侧重。

广西大学国际学院简介

广西大学国际学院成立于 2018 年 6 月。由原中国—东盟研究院、中国—东盟学院、中加国际学院、国际教育学院、广西大学复杂性科学与大数据技术研究所 5 个单位整合而成。作为广西大学最年轻的学院，国际学院承担着广西大学国际化战略的重要任务。目前，国际学院主要负责广西大学与美国、法国、加拿大等国知名大学的交流与合作。项目包括中加国际学院、中美"3+1"本科、中美"3+1+1"本硕连读、中法"1.5+3.5"本科等。同时，学院还负责全校留学生的招生与管理、对外汉语教学等国际教育事务。

学院的发展得到了广西大学的高度重视。广西大学副校长范祚军教授兼任首任院长，覃成强教授任学院党总支部首任书记，王玉主研究员任执行院长。各级领导多次到学院检查和指导工作，为学院的发展带来了强大的动力。

学院目前拥有教职工 123 名，其中中方教职工 115 名，外籍教师 8 名；在读中国学生 775 名，其中博士研究生 17 名，硕士研究生 39 名，本科生 719 名。截至目前，学院负责招收管理全校留学生 2251 名，招生人数特别是留学生数量呈逐年递增趋势。

学院是广西大学国际化的窗口。学院结合区域发展趋势，坚持特色化办学、国际化发展的定位，不断融合先进办学理念，创新人才培养模式，为区域社会经济文化发展服务，利用自身国际化水平以及科研平台优势，向建设一流学院不懈努力（数据截至 2020 年 7 月）。

广西大学中国—东盟研究院简介

广西地处中国面向东盟开放的前沿地带,具备与东盟国家陆海相邻的独特优势,正积极构建面向东盟的国际大通道,打造西南中南地区开放发展新的战略支点,形成"一带一路"倡议有机衔接的重要门户。习近平、李克强等党和国家领导人曾多次作出重要指示,肯定广西在中国—东盟合作中的重要地位,并明确要求广西积极参与中国—东盟自由贸易区、泛北部湾合作、GMS 次区域合作,充分发挥中国—东盟自由贸易区前沿地带和"桥头堡"作用。2005 年,时任自治区党委书记刘奇葆作出指示:"要加强对东盟的研究,找到合作的切入点,认真做好与东盟合作的战略规划,提出行动计划。"时任自治区党委副书记潘琦、自治区人民政府常务副主席李金早作出批示,批准广西大学联合广西国际博览事务局,整合全区高校和相关部门的研究力量,在原广西大学东南亚研究中心(1995 年成立)的基础上,成立中国—东盟研究院,为正处级独立建制,以东盟经济问题为切入点,研究中国—东盟双边贸易以及 CAFTA 建设中的重大理论、政策及实践问题,并在此基础上辐射至中国—东盟关系研究。

2005 年 1 月中国—东盟研究院成立时,下设中国—东盟经济研究所、中国—东盟法律研究所、中国—东盟民族文化研究所,主要研究方向涉及中国—东盟关系及东南亚国家的经济、法律、文化及民族等方面的问题。为适应中国—东盟关系的发展变化,2011—2013 年中国—东盟研究院进一步细化研究领域,强化研究深度,调整运行架构,将机构设置增加、调整为 10 个国别(越南、缅甸、老挝、泰国、文莱、新加坡、马来西亚、印度尼西亚、菲律宾、柬埔寨)研究机构和 10 个专业研究机构(中越经济研究院、广西大学 21 世纪海上丝绸之路研究中心、澜沧江—湄公河经济带研究中心、中国—东盟产业发展与生态环境研究中心、国际关系研究所、民族与文化研究所/骆越文化研究中心、法律研究所、中马产业园研究中心、中国—东盟战略研究所、中国—东盟财政金融政策研究中心），并启动建设中国—东盟研究国际在线研讨平台和中国—东盟全息数据研究与咨询中心，强化科研基础设施建设。

2013年6月1日，中共中央委员、广西壮族自治区党委书记、自治区人大常委会主任彭清华同志就中国—东盟重大课题研究和中国—东盟研究团队、研究机构的建设与发展作出重要指示："广西大学中国—东盟研究院，在高校里很有特色，有独特的地位。广西在中国—东盟关系里面，不管是一个桥头堡还是一个开放前沿，都有一个独特的区位优势，我们把广西大学中国—东盟研究院办好，加强科研团队建设，有利于更好地发挥广西在发展中国—东盟合作关系中的作用。中国—东盟研究团队多年来积累了一些研究成果，对我们今后更务实、有效地改进中国—东盟、广西—东盟的关系很重要，希望继续把它做好。"

近年来，中国—东盟研究院以"长江学者""八桂学者"为重点目标，以"特聘专家"等方式引进国内外高校及研究机构的科研骨干，跨学科交叉组建研究团队。经过长期的建设发展，中国—东盟研究院已成为全国从事东盟领域研究人数最多的机构。

目前，中国—东盟研究院作为"自治区人文社科重点研究基地"，牵头建设中国—东盟区域发展省部共建协同创新中心，实施"中国—东盟战略伙伴关系研究'部、省、校'协同创新工程"，争取使"中国—东盟区域发展省部共建协同创新中心"进入国家级协同创新中心行列。在此基础上，中国—东盟研究院拟申报成为"教育部人文社会科学重点研究基地"，未来将为中国—东盟关系领域的全面研究提供更广阔的平台。

广西大学中国—东盟研究院立足地缘和区位优势，研究中国—东盟双边贸易以及CAFTA建设中的重大理论、政策及实践问题，在国内乃至东盟国家有重要影响。以广西大学中国—东盟研究院为主要建设载体的"中国—东盟经贸合作与发展""211"重点建设学科群已经成为广西该领域独占鳌头的强势学科，主要学科（专业）建设或研究方向已经达到国内领先水平。

广西大学中国—东盟研究院获得全国东盟研究领域第一个教育部哲学社会科学研究重大课题攻关项目和第一个国家社科基金重大项目，开创了广西人文社会科学研究的里程碑，成为中央有关部委、自治区党委、政府及其相关部门、地方各级党委、政府的重要智囊单位，研究成果或入选教育部社会科学委员会专家建议，中共中央对外联络部、教育部内参和成果摘报，或获得党中央、国务院和自治区主要领导批示，在学术界和社会上有较大的影响，研究成果居国内领先水平。

展望未来，中国—东盟研究院将本着跨学科、跨区域、跨国家的开放式研究平台建设思维，整合国内外该领域研究力量，创新科研团队形成机制，融合政治学、历史学、民族学等多个边缘学科，研究中国—东盟关系问题，并扩展到跨国界区域性国际经济合作理论与实践问题。"中国—东盟区域发展"作为应用经济学一级学科的新设二级创新学科，以博士点和硕士点建设为契机，以"中国—东盟关系与区域发展"作为研究对象，试图形成完整的中国—东盟关系多学科互动研究体系，使本团队的理论研究具有前沿性、基础性、支撑性。

广西大学中国—东盟信息港大数据研究院简介

中国—东盟信息港大数据研究院（中国—东盟大数据研究院，以下简称"研究院"）于2018年正式成立。研究院围绕中国—东盟合作大数据建设和中国—东盟信息港建设，整合政府、高校、科研机构及企业等多方资源，充分利用云计算、物联网、大数据等新一代信息技术，以产学研相结合的模式着力构建国家一流大数据创新性平台，推动先进信息科学技术嫁接金融、对接产业、服务实体经济，以推动广西信息化、数字化建设，加快产业转型升级、培育战略性新兴产业、深化供给侧结构性改革，进一步提升广西开放合作水平，落实习近平总书记视察广西时提出的"夯实提升中国—东盟开放平台"新要求，支撑国家"一带一路"倡议伟大构想。

研究院主要围绕以下几个方面展开工作：

1. 重点开展中国—东盟大数据平台建设。通过数据库建设，建成服务中国—东盟合作的数据中心，支撑中国—东盟信息港大数据中心建设，充分迎合"一带一路"建设、大数据发展战略等国家需求。

2. 提供政策研究和决策咨询服务。研究院致力于推动"一带一路"倡议、中国—东盟共同体建设、中国—东盟信息港建设的政策研究，运用数据挖掘技术辅助经济运行分析决策、依托人工智能技术打造东盟数字化新型智库，为中国—东盟信息互联互通、广西信息产业体制机制创新提供政策依据和参考。

3. 打造高端科研平台，聚集一流大数据研究人才。就中国—东盟信息港建设、人工智能、大数据技术等重要议题开展学术研讨会，进行定期或不定期的交流融合。通过搭建和打造多层次的高端学术交流平台，提供学术交流和思想碰撞场所，成为连接广西信息行业内外各界沟通交流的纽带和桥梁，促进理论与实践研究全面发展。

4. 联合开展实地调研和各层次课题合作。研究院立足中国—东盟信息港建设中面临的重大理论与现实问题，与各大政府机构、企事业单位联合开展实地调研，推进前沿性、系统性、顶天与立地相融合的科学研究。

5. 培养和输送高层次计算机人才，举办大数据方面专业培训。通过重大课题研究攻关、以老带新等方式，深化人才培养模式创新，扩大人才培养的规模，打造一支研究型、专家型、创新型、复合型智囊团队。通过举办相关培训和学术研讨交流会可以为计算机领域培养一批具有国际视野，兼具理论基础和实践经验的高层次大数据人才。

目前，研究院已建成"数据挖掘分析中心大数据实验室"，以"融合"的思维，实现大数据融合和办公空间融合，建成了一个大数据同平台共享，音视频信号互联互通、可知可感的现代智慧型大数据实验室，可以满足支持集中和分布式协同科研工作，具备了大数据平台部署的硬件条件和部分软件环境。已整合完成多个全球各大网站数据源，包括全球政治事件数据库、东盟十国（八个专题）爬虫数据库、全球盟约数据库、全球恐怖事件数据库、东盟十国日报周报月报数据库、世界银行数据库、联合国贸易数据库、舆情监测系统数据库等各类型数据资源，在东盟大数据采集、分析与挖掘方面取得了重要进展。建成了东盟舆情系统、"一带一路"舆情系统、东盟智能建模分析系统、机器视觉慧眼系统等平台，基于以上平台的建设成果，研究院充分利用丰富的数据资源以及专业的大数据挖掘分析技术提升智库服务水平，为政府部门开展中国—东盟合作、西部陆海新通道建设、面向东盟的金融开放门户建设、数字广西建设等提供了丰富的决策咨询报告。

2019年研究院获批成为广西壮族自治区工程研究中心，被认定为第一批数字广西建设标杆引领重点支撑平台（大数据研发中心），"中国—东盟大数据研究"创新团队获批自治区"八桂学者"设岗团队。2020年研究院被认定为数字广西建设优秀成果"数据挖掘分析人才聚集与培养基地"。

《东盟研究》征稿启事

《东盟研究》（曾用名《中国—东盟研究》）是由中国—东盟区域发展省部共建协同创新中心主办、广西大学中国—东盟研究院承办的专业性学术刊物，于2017年正式出版发行，每年出版4辑，主要刊载国内外有关东南亚国别与地区、东南亚政治、经济、文化以及中国—东盟关系等领域的学术研究成果。本刊已获《中国学术期刊网络出版总库》及CNKI系列数据库收录。

《东盟研究》设有"特稿""国别研究""区域研究""一带一路""澜湄合作"以及"会议与文献综述"等栏目，正在寻找有风骨、有才情的作者，期待有态度、有腔调的文字，热诚欢迎海内外学人惠赐佳作。

为保证学术研究成果的原创性和严谨性，倡导良好的学术风气，敬请作者投稿时注意如下事项：

一、来稿请提供Word电子版，字数以10000—15000字为宜。

二、来稿请提供中英文题名、中英文摘要（200字左右）、中英文关键词（3—5个）以及中英文作者简介（包括姓名、工作单位、职务、职称、电话、电子邮箱以及详细通讯地址等信息）。

三、来稿请严格遵守学术规范，引用的文献、观点和主要事实必须注明来源。注释采用页脚注，小五号宋体，具体请参见"《东盟研究》引文注释规范"。

四、来稿其他规范包括：（一）字体：正文为五号宋体，题目为三号宋体加粗，一级标题为四号宋体加粗，二级标题为小四宋体加粗，行间距1.25倍。（二）编号：正文部分用一、二……（一）（二）……1、2……（1）（2）……编号法，依次类推。（三）图表：表格采用三线表，表名放在表格上方，图名放在图下方。

五、本刊对采用的稿件有修改权，若不同意，请来稿时注明。

六、本刊实行匿名评审制度，文责自负，切勿一稿多投。来稿一经刊用，即视为作者许可本刊使用该稿件的发表权、发行权、复制权、网络传播权等，文章发表后将获赠样刊两本，并酌情给予稿酬。

七、本刊恕不退稿。凡投稿两个月内未接到任何采用通知者可改投他刊。

八、本刊接收英文投稿，英文稿件将翻译成中文出版。

九、来稿请通过《东盟研究》投稿邮箱：zg-dmyj@gxu.edu.cn 和知网投稿系统（http://zdme.cbpt.cnki.net/）投稿。编辑部联系电话：0771-3232412。

《东盟研究》编辑部

附：《东盟研究》引文注释规范

1. 中文注释

对所引用的文献第一次进行注释时，必须将其作者姓名、文献名、出版社、出版时间、所属页码一并注出。具体格式举例如下：

（1）专著

王子昌：《东盟外交共同体：主体及表现》，时事出版社 2011 年版，第 109—110 页。

（2）译著

[美] 汉斯·摩根索：《国家间的政治——为权力与和平而斗争》，杨岐鸣等译，商务印书馆 1993 年版，第 30—35 页。

（3）论文

徐步、杨帆：《中国—东盟关系：新的起航》，《国际问题研究》2016 年第 1 期，第 35—48 页。

（4）纸质版媒体

1）有作者（评论类）

邵宇：《中国重构对外资产负债表》，《上海证券报》2016 年 5 月 13 日。

2）无作者（新闻类）

《马哈迪畅谈马来人的新困境》，《南洋商报》2002年7月30日。

2. 外文注释（以英文为例）

同中文注释的要求基本一致，只是论文名用引号，书名和杂志名用斜体。具体格式举例如下：

（1）专著

Robert O. Keohane and Joseph S. Nye, *Power and Interdependence: World Politics in Transition*, Boston: Little Brown Company, 1997, p. 33.

（2）论文

Amitav Acharya, "Ideas, Identity and Institution-Building: From the 'ASEAN Way' to the 'Asia-Pacific Way'?" *The Pacific Review*, Vol. 10, No. 3, 1997, pp. 319–346.

（3）文集中的论文

Steve Smith, "New Approaches to International Theory", in John Baylis and Steve Smith eds., *The Globalization of World Politics*, Oxford: Oxford University Press, 1998, pp. 169–170.

（4）报纸

"Laos-China Railway Project Construction Commences", *Vientiane Times*, December 3, 2015, p. 2.

3. 互联网资料注释

互联网资料格式参照以上中英文注释的要求，同时需要注明详细的网址以及登录时间。

（1）中文资料

1）有作者（评论类）

许宁宁：《中国与东盟走过了不平凡的20年》，新浪财经网，2011年7月28日，http://finance.sina.com.cn/g/20110728/151310223248.shtml，登录时间：2015年9月6日。

2）无作者（新闻类）

《越南吸引354.6亿美元外商直接投资》，越南通讯社，2018年12月27日，https://en.vietnamplus.vn/vietnam-lures-3546-billion-usd-fdi/144240.vnp，登录时间：2019年1月4日。

3）国家部委网页资料

《越南鼓励企业大力发展农产品加工业》，中华人民共和国商务部网站，2014年12月31日，http：//www.mofcom.gov.cn/article/i/jshz/new/201412/20141200853990.shtml，登录时间：2018年4月4日。

越南国家统计局：《越南统计年鉴2017》，http：//www.gso.gov.vn/default_en.aspx? tabid=515&idmid=5&ItemID=18941，登录时间：2018年11月4日。

（2）英文资料

1）评论性文章

Richard Heydarian，"Japan Pivots South，with Eye on China"，The Asia Times Online，January 26，2013，http：//www.atimes.com/atimes/Japan/OA26Dh01.html，登录时间：2015年12月22日。

2）政府部门类

Australian Department of the Prime Minister and Cabinet，"Strong and Secure A Strategy for Australia's National Security"，January 2013，http：//www.dpmc.gov.au/national_security/docs/national_security_strategy.pdf，登录时间：2018年12月14日。

4. 硕博论文

张伟丰：《泰国能源研究》，2013年云南大学博士学位论文，第56页。